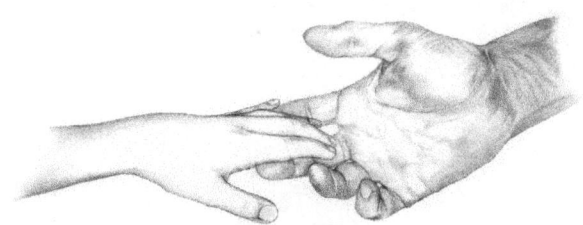

Crianza con Conexión

Criar a través de Conexión en lugar de Coerción y de Amor en vez de Miedo.

Pam Leo

Wyatt-MacKenzie Publishing
DEADWOOD, OREGON

Crianza con Conexión
*Criar a través de Conexión en lugar de Coerción
y de Amor en vez de Miedo.*
Pam Leo

TODOS LOS DERECHOS RESERVADOS © 2005, 2007, 2022 Pam Leo
PRINT EDITION ISBN: 978-1-954332-36-2
KINDLE EDITION ISBN: 978-1-954332-37-9

Wyatt-MacKenzie Publishing, Inc.
DEADWOOD, OREGON

Advertencia de Crianza con Conexión:
Crianza con Conexión atiende las conductas desafiantes causadas por necesidades emocionales no satisfechas, específicamente la necesidad por conexión humana. La falta de conexión adecuada no es la causa de todas las conductas desafiantes, ni tampoco mayor conexión es la cura para todo comportamiento problemático. Muchos niños son diagnosticados con problemas de aprendizaje y con trastornos de conducta causados por sensibilidades físicas y/o emocionales. La Crianza con Conexión puede reducir la cantidad y la intensidad de las conductas difíciles de estos niños al no confundir su sensibilidad con conductas de necesidades emocionales insatisfechas. Sin embargo, los niños que presentan conductas ocasionadas por sus sensibilidades y sus padres van a necesitar otro apoyo para atender aquellas conductas difíciles en diferentes ambientes en los que ocurren.

Dedicatoria

A los niños del mundo,
éste es un regalo de amor de mi parte y de todos los niños que me
dijeron qué decir.

Tabla de contenidos

Prólogo i.

Prefacio v.

Introducción 1
La Conexión Perdida

Capítulo Uno 13
Conectarnos con Nosotros Mismos
Siempre estamos criando de la mejor forma que podemos. Ya sea que lo estemos haciendo conscientemente de manera opuesta a la de nuestros padres o que inconscientemente estemos criando de la misma manera que ellos lo hicieron, nuestra parentalidad está influida por la forma en que fuimos criados. Podemos conscientemente decidir mantener lo mejor y cambiar el resto.

Capítulo Dos 23
Conectarse con los Hijos Respetándolos
El respeto es la base de la conexión. Les enseñamos respeto a los niños modelando respeto. Modelamos respeto tratando a los niños con el mismo respeto que esperamos.

Capítulo Tres 35
Conectarse a través de Escuchar los Sentimientos de los Niños
Cuando descubrimos cómo los niños sanan sus sufrimientos emocionales, ganamos un nuevo nivel de confianza y habilidad para responder al llanto, la rabia y las pataletas.

Capítulo Cuatro   51
Conectarse a través de Llenar la Taza de Amor
Nuestro hijo tratará al mundo de acuerdo con cómo nosotros lo tratamos a él. Le enseñamos qué creer sobre sí mismo a través de cómo lo tratamos. Llenar su taza de amor construye su autoestima y valor personal, y crea conexión.

Capítulo Cinco   69
Conectarse a través de Comunicación que Construye Relación
Si la comunicación conduce a la conexión y la cooperación o hacia la desconexión y el conflicto, va a depender de cómo nos comunicamos.

Capítulo Seis   85
Conectarse a través de Decodificar la Conducta de los Niños
Los niños comunican sus sufrimientos emocionales y sus necesidades a través de su conducta. Cuando aprendemos a reconocer los berrinches o arranques de los niños como una comunicación de una necesidad no cubierta, podemos responder a las necesidades en lugar de reaccionar a su conducta.

Capítulo Siete   115
Conectarse a través de Atender Nuestras Necesidades
Los padres también tienen necesidades. Las familias trabajan mejor cuando las necesidades de todos están cubiertas.

Epílogo	127
Reconocimientos	130
Lista de Libros Recomendados	132
Enlaces Web de Parentalidad con Conexión	136

Prólogo

Como la directora ejecutiva de la Holistic Pediatric Association (HPA)[1] y al mismo tiempo siendo una madre tratando de hacerlo lo mejor posible, estoy encantada que Pam Leo haya escrito **Crianza con Conexión**. Finalmente tenemos un libro de parentalidad que llega al corazón de lo que implica para los niños desarrollarse de verdad plenamente, ser felices y saludables.

Aunque muchos padres van a desear que este libro hubiera existido al principio de su experiencia de crianza, esta guía práctica y bien escrita deja claro que podemos empezar ahora. Como señala Pam "los padres siempre hacen lo que mejor pueden con la información, los recursos y el apoyo que tienen en un momento determinado. Nunca es demasiado tarde para crear una conexión más fuerte con nuestros hijos". Podemos dejar de lado la inútil culpa sobre lo que no sabíamos o a lo que no tuvimos acceso cuando nuestros hijos eran más pequeños y empezar ahora mismo a cambiar nuestras relaciones con ellos.

Mientras más conectados y sintonizados están los padres con sus hijos, más pueden confiar en su propia sabiduría para saber cómo tratarlos. La HPA promueve desechar la noción de los pediatras en un rol autoritario y reemplazarlo con un nuevo paradigma de asociación entre padres y pediatras trabajando por el interés superior del niño. Los padres son los "expertos" cuando se trata de sus propios hijos y ya tienen la sabiduría interior sobre lo que hay que hacer. Sin embargo, debemos conectarnos profundamente y vincularnos con nuestros hijos, así como con nuestra guía interna, para percibir lo que les pasa. De otra manera quedamos atrapados en nuestro miedo omnipresente de la enfermedad, de ir contra los protocolos establecidos y de ser juzgados. Este miedo nos puede llevar a seguir la "norma" y prevenirnos de tomar decisiones que son las mejores para nuestros hijos.

En nuestros seminarios pediátricos para profesionales, los profesores de la HPA hablan sobre poner atención a las dinámicas familiares y lo que pasa con el niño en relación con la familia. Los niños necesitan sentirse valorados, escuchados y honrados. Tomar en cuenta el estrés emocional del niño está en el corazón de la pediatría holística. ¿Cuántas enfermedades crónicas podrían empezar a desaparecer una vez que los padres comenzaran a conectarse más profundamente con sus hijos y se sintonizaran con sus necesidades emocionales?

Hay una fuerte correlación psico-emocional con la enfermedad. La desconexión y la falta de un vínculo fuerte madre-hijo (o padre-hijo) puede estar a la base de muchas enfermedades. Cuando los padres se dan cuenta de lo que puede estar pasando emocionalmente y empiezan a atender las necesidades del niño, los síntomas de muchas enfermedades crónicas pueden disminuir.

Nuestro trabajo más importante como padres es crear y mantener un vínculo fuerte y una conexión amorosa con nuestros hijos. Ésta es la clave para su felicidad, y para la salud y el desarrollo óptimos. *Crianza con Conexión* nos dice cómo hacerlo de una manera útil, clara y que nos anima. Nos muestra cómo cubrir las necesidades emocionales de los niños ahora, de manera que puedan llegar a ser adultos saludables, progresar de verdad y estar empoderados.

La disciplina puede ser un aspecto muy confuso para los padres. *Crianza con Conexión* profundiza en el verdadero significado de la disciplina y ofrece nuevas competencias y herramientas para una verdadera disciplina a través de conexión. Pam Leo describe cómo escuchar y hablar a nuestros hijos para que se sientan amados y oídos, y explica la diferencia entre castigo y disciplina. Pam dice: "La meta de la verdadera disciplina parental no es controlar la conducta de los niños a través de herirlos cuando su conducta es inaceptable, sino que enseñarles a hacer lo que es correcto. No podemos controlar la conducta de nadie más que la propia. Podemos aprender a decodificar la conducta de los niños y responder a sus necesidades, en vez de reaccionar a sus conductas".

Crianza con Conexión es un regalo comprensivo, esclarecedor y oportuno para los padres. Pam Leo celebra la verdadera esencia de los niños, ilumina sus necesidades emocionales y explica por qué las necesidades insatisfechas son la causa de la mayoría de los problemas de conducta.

No he leído otro libro de parentalidad con tanto potencial e ímpetu para el cambio en esta sociedad herida donde muchas necesidades individuales no han sido cubiertas en la infancia. ***Crianza con Conexión*** provee las herramientas para ayudarnos a sanar el sufrimiento y la desconexión, y crear la conexión que necesitan los niños para ser ellos mismos de manera óptima.

Los niños felices, bien conectados y que se sienten valorados son más saludables y completos en todos los niveles. Al seguir la guía que da este libro tendremos una mayor y más positiva influencia en las vidas de nuestros hijos. Además, les ayudaremos a desarrollar una conexión con su verdadera esencia y felicidad, de manera que puedan convertirse en los individuos ilimitados que tienen el potencial de ser. Cuando nos conectamos con nuestros hijos de manera regular, les enseñamos a conectarse con ellos mismos y éste es el regalo más grande que le podemos dar a cualquiera.

Sinceramente yo animo a los padres a seguir la sabiduría propuesta aquí y hacerla una prioridad para crear un vínculo fuerte y amoroso con sus hijos. Siguiendo la guía de este libro podemos empezar a cambiar el rumbo, y crear un mundo diferente en el que las personas se quieran, honren y respeten ellos mismos y a los demás, un mundo de verdadera salud, armonía y paz.

Jane Sheppard
Directora Ejecutiva
Holistic Pediatric Association Santa Rosa, CA
13 de septiembre de 2005

Prefacio

Querido lector:

Una vez leí: "A la gente no le importa mucho cuánto sabes hasta que se dan cuenta cuánto te importa". Cuando me convertí en madre hace más de treinta años atrás quería aprender cómo cuidar y nutrir a los niños, de manera que mis dos hijas pudieran crecer teniendo la mejor vida posible. La información en este libro es el resultado de mi búsqueda de respuestas.

Por más de treinta años he estudiado independientemente el desarrollo infantil, psicología, sociología y antropología. Cada libro leído contenía una pieza más del rompecabezas de la crianza. Por veintidós años proporcioné cuidado familiar para niños de dos a diez años. Tengo más de 55,000 mil horas de experiencia de estar con niños y observarlos, además de criar a mis dos hijas y co-criar a mi nieta. Este trabajo es una síntesis de mi experiencia e investigación.

En 1989 creé la serie de talleres Crianza con Conexión: "Atender las Necesidades de los Niños". En dieciséis años de estas clases he aprendido mucho de los padres, abuelos, proveedores de jardín infantil y profesores, tanto como cuanto he enseñado. Los conceptos presentados aquí han sido probados a fondo en terreno.

En mis clases, por muchos años los padres han estado preguntando: "¿Cuándo vas a escribir un libro sobre este tipo de crianza?". He querido hacerlo desde que creé las clases, pero no estaba lista. Sabía que había más piezas para el rompecabezas. Hasta que finalmente acepté que nunca tendré **todas** las piezas. Así que estoy compartiendo las piezas que tengo.

Este libro **Crianza en Conexión** está diseñado para darte la experiencia de las clases de Crianza con Conexión™. Este es un cuaderno de trabajo, no solo un libro para leer. Lo que **sepas** cuando termines de leer este libro no va a ser tan importante para ti o tus hijos como lo que vayas a *hacer* cuando termines este libro. Si lo lees, indudablemente ganarás algo de información, perspectiva y comprensión nuevas. Si haces los ejercicios, tendrás una base más fuerte para poner en práctica tu comprensión.

*Si *lees* el libro completo sin detenerte a hacer los ejercicios, espero que lo releas y los hagas. Hará la diferencia entre la experiencia de leer una receta de pan y de cocinar, y probar el pan.

Tu experiencia de **Crianza con Conexión** será todavía más enriquecedora si juntas a otros padres y se encuentran una vez a la semana para leer y discutir los siete capítulos como grupo. A través del aprendizaje en conjunto tu grupo se vuelve tu comunidad de apoyo de la crianza con conexión.

Espero que el libro te dé no solo información e inspiración para apoyarte en la construcción de vínculos fuertes con tus hijos, sino que también validación y aprecio por la parentalidad con "conexión" que ya estás ejerciendo. Que **Crianza con Conexión** brinde más comprensión, amor, goce y conexión a tus relaciones con tus hijos.

Con todo mi amor y cariño,
Pam Leo.

Introducción

¿Por qué algunos niños cuando crecen se convierten en un Gandhi y otros en un Hitler?

¿Qué pasa desde el nacimiento hasta la adultez que determina esa diferencia?

La Conexión Perdida

Una conexión consistente y amorosa con al menos un adulto es esencial para crear el vínculo saludable y fuerte que los niños necesitan para prosperar en su desarrollo.

Hay, y ha habido por muchos años, abundante investigación bien documentada de las condiciones que ayudan a los niños a progresar. La investigación muestra que un vínculo seguro con al menos un adulto es vital para un desarrollo del cerebro que determine un óptimo bienestar físico, psicológico, emocional y espiritual.

¿Por qué gastamos tiempo y dinero en hacer investigaciones y no diseminamos después los resultados de esas investigaciones?

A los padres no se nos dice que nuestro trabajo más importante es asegurar y mantener un vínculo sólido y sano entre madre e hijo (o padre e hijo). Esta información crítica sobre las condiciones que necesitan los niños para prosperar no ha hecho su camino a los medios. Los padres escuchan mucho más sobre qué nuevo producto comprar para cargar a sus niños que sobre la importancia de sostener a sus bebés en sus brazos. Lo que nuestros niños más necesitan el dinero no lo puede comprar. Nuestros niños necesitan conexión humana. Un vínculo fuerte y sano entre los padres y el niño, creado con conexión consistente y amorosa es esencial para el bienestar de nuestros niños y su desarrollo óptimo. Este vínculo es también la clave para nuestra efectividad como padres.

Muchos niños están en crisis. Los padres leen libros de crianza y toman clases. Muchos de nosotros estamos buscando respuestas porque nos está costando. La parentalidad siempre ha existido, pero no siempre ha sido un problema. Nuestros abuelos y bisabuelos no leyeron libros de parentalidad o tomaron clases. ¿Ya sabían acerca de los vínculos? No. Nuestros bisabuelos no sabían. No era lo que ellos **sabían** lo que hacía la crianza diferente para ellos, era **cómo ellos vivían**.

En los días de nuestros bisabuelos la necesidad de los niños por conexión humana era satisfecha naturalmente mediante un estilo de vida que apoyaba un fuerte vínculo padres-niño. Los bebés nacían en casa, eran amamantados, y pasaban sus primeros años en casa. El vínculo madre-hijo y la conexión entre los padres y el niño no se veía comprometida por la separación. Las vidas de los padres y los niños estaban más conectadas.

Nuestro estilo de vida ha cambiado drásticamente. Hoy la mayoría de los bebés nacen en los hospitales y son alimentados con un biberón. La conexión temprana está comprometida por la reducida cantidad de tiempo que los padres y los niños pasan juntos. Muchos bebés y niños pequeños pasan largos días lejos de sus madres y padres. El estresante ritmo de la vida moderna, la pérdida del apoyo de la familia extendida y el tiempo cada vez mayor que los niños y los adultos pasan con la televisión y los computadores han debilitado todavía más la conexión de los padres con sus hijos.

Debido a que el vital vínculo madre-hijo o padre-hijo crecía naturalmente y no era creado de manera consciente, cuando nuestro estilo de vida cambió, no nos dimos cuenta de que esos cambios estaban erosionando la conexión esencial para el bienestar de nuestros hijos. Aunque los adultos no sabían que algo estaba faltando, los niños sí. Las necesidades insatisfechas de conexión de los niños empezaron a mostrarse como problemas de conducta.

En lugar de tomar en cuenta estos problemas de conducta preguntándonos: "¿Qué es lo que no está bien para nuestros niños?", algunos adultos se preguntaron "¿Qué está mal en nuestros niños?".

Más que buscar la causa de la conducta de los niños, se enfocaron en encontrar maneras de cambiar o controlar la conducta de los niños. La respuesta que encontraron para controlar los problemas de comportamiento fue una crianza autoritaria, control a través de coerción. El tiempo ha mostrado que la coerción incrementa los problemas de conducta en vez de resolverlos.

Entretanto, otros adultos se han hecho una pregunta diferente sobre los problemas de conducta y han encontrado una respuesta diferente. Los niños, como todos los seres vivos, no prosperan cuando sus necesidades no son satisfechas. Si una semilla no está creciendo bien, miramos las condiciones en que está creciendo. Nos preguntamos "¿Le está llegando suficiente luz? ¿Es adecuado el drenaje?". Cuando las condiciones para crecer son adecuadas, la planta florece. Cuando las condiciones humanas para crecer son correctas, los niños también florecen.

El fuerte vínculo que alguna vez crecía naturalmente ahora debe ser cultivado. El cambio en cómo vivíamos ha debilitado el vínculo con los padres. Ahora se demanda cambiar cómo vivimos para fortalecer el vínculo. Hay una población de padres que están adaptando su estilo de vida para crear condiciones que satisfagan la necesidad de más conexión humana que tienen los niños.

Las prácticas de crianza que crean la conexión segura que necesitan los bebés y los niños pequeños para un vínculo saludable y fuerte con los padres, son conocidas hoy como crianza con apego. La crianza con apego promueve el parto natural y mantener a los niños en contacto humano a través de la lactancia materna, cargarlos en portabebés, del colecho y de la constancia del cuidador en los primeros años. Mi trabajo en el fortalecimiento del vínculo con los niños de todas las edades, a través de proveer conexión consistente y amorosa, se está haciendo conocido como Crianza con Conexión.

Crianza con conexión no es una "nueva" forma de parentalidad. En realidad, es un regreso para proveer la conexión padres-hijos que los niños necesitan. No podemos volver atrás al antiguo estilo de vida donde los padres y los niños estaban naturalmente conectados. Así que avancemos e intencionalmente creemos las condiciones para la conexión en nuestro estilo de vida y proveamos a nuestros hijos del vínculo que necesitan para prosperar.

¿Qué es Crianza con Conexión?

Es la crianza a través de conexión en vez de coerción, a través de amor, en vez de miedo.

El modelo de parentalidad con el que la mayoría de nosotros crecimos fue uno autoritario, basado en el miedo. Algunos tuvieron una crianza permisiva, lo que también se basa en el miedo. La crianza autoritaria se basa en el miedo del niño a perder el amor del padre. La crianza permisiva se basa en el miedo del padre a perder el amor del niño.

La Crianza con Conexión promueve prácticas que crean y mantienen un vínculo fuerte y saludable madre-hijo (o padre-hijo). Crear un vínculo sólido es nuestro trabajo principal como padres y la clave para el óptimo desarrollo humano de nuestros hijos. Los niños sobreviven sin un vínculo fuerte, pero no prosperan.

Tanto la parentalidad autoritaria como la permisiva son reactivas. La Crianza con Conexión es proactiva. No nos enfocamos en maneras para disciplinar a nuestros hijos cuando su necesidad de conexión insatisfecha resulta en un comportamiento no cooperador o inaceptable. La Crianza con Conexión se centra en mantener la conexión consistente y amorosa que satisface la necesidad de los niños de un vínculo fuerte con sus padres.

A la mayoría de nosotros nos criaron basados en coerción o amenazas. Si bien las amenazas de castigos o consecuencias logran obediencia temporal, crean desconexión y afectan el vínculo padre-hijo. La coerción es una solución rápida, como la rueda de repuesto que usamos hasta que la podemos reemplazar por una rueda real. No iríamos a un viaje largo con una rueda de repuesto. La parentalidad es un camino largo.

Criar a través de la conexión en vez de coerción desafía nuestras creencias acerca de lo que los padres "se supone" que tienen que hacer con sus hijos. Muchos padres dicen que desearían que los hijos vinieran con un manual de instrucciones porque los consejos de crianza suelen ser confusos y contradictorios. Un experto o un libro dice una cosa, mientras que otro sugiere hacer lo opuesto.

Los consejos que promocionan la coerción son contraproducentes para la parentalidad efectiva. El nivel de cooperación que los padres obtienen de los niños generalmente es igual al nivel de conexión que sienten con sus padres. La coerción debilita la conexión y erosiona la fortaleza de nuestro vínculo. Siempre que te sientas confundido sobre consejos de crianza pregúntate: "¿Si sigo este consejo, voy a crear conexión o desconexión con mi hijo?".

Crianza con Conexión no es un manual de instrucciones que te enseña cómo controlar la conducta de tu hijo. Es un libro acerca de la necesidad de conexión de los niños y la importancia de satisfacerla. Los niños tienen muchas necesidades parecidas y también muchas diferentes. Ellos son los expertos sobre sus necesidades y siempre tratan de decirnos lo que les hace falta. Crianza con Conexión es escuchar a los niños y encontrar las mejores maneras de atender sus necesidades.

La parentalidad a través de conexión no es una solución a la ligera. Construir un vínculo sólido con un niño implica tiempo, esfuerzo y compromiso. ¿Te acuerdas del pequeño cerdito que construyó su casa de ladrillos? Le dedicó tiempo y trabajó para construir una casa sólida. Cuando vino el lobo malo no pudo soplarla como sí pudo con las casas de paja y de palos. Para sobrevivir y desarrollarse plenamente, tus hijos necesitan adultos que se tomen el tiempo y hagan el trabajo de construir un vínculo fuerte.

Los padres también necesitan un vínculo sólido. Nuestra efectividad en la crianza está en directa proporción con la fortaleza de la conexión que tenemos con nuestro hijo. Cuando tenemos una conexión fuerte, no tenemos que recurrir a la coerción.

Criamos a través de conexión, no coerción, porque solo a través de la conexión construimos vínculos fuertes.

Criar a través de Amor en vez de Miedo

¿Te imaginas amenazar a tu pareja contando: "Uno… dos… tres…" cuando no hace lo que quieres?

Uno de los problemas más importantes en las escuelas hoy en día es el *bullying* o acoso escolar. Tanto los padres como los profesores tienen dificultades para detener esta conducta. Sin darse cuenta, los adultos enseñan conductas de *bullying* a los niños, modelándolo cuando usan las amenazas de su tamaño físico o de su poder para hacer que los niños hagan cosas. Esto es criar a través de coerción.

Cuando escucho a un padre contar a un niño pequeño: "Uno… dos", siempre me pregunto qué le dijo el padre al niño que pasaría si llega a tres. ¿La amenaza de pegarle, gritarle o ponerlo en tiempo-fuera? Quizás sea la amenaza de abandono (me voy a ir sin ti) o retirarle el cariño y la aprobación.

No importa cuál sea la amenaza, rara vez escucho "tres". Tal como se pretende, obliga al niño a hacer lo que los padres quieren. Ellos usan las amenazas para que los niños cooperen, porque eso fue lo que los adultos les modelaron cuando ellos eran niños. La mayoría de nosotros estamos familiarizados con la frase: "si no…". Por miedo hacíamos lo que nos decían, incluso si no sabíamos que era ese: "o si no…". Aunque contar parezca una forma mágica de disciplina, no hay magia en las amenazas. Los niños saben que los adultos son más grandes y tienen más poder que ellos y hacen caso como autodefensa.

Si la única forma en que podemos lograr que los niños hagan lo que les pedimos es a través de intimidarlos ¿cómo lograremos que hagan lo que les pedimos cuando ya no seamos más grandes y poderosos? Pregúntales a los padres de cualquier adolescente si contar todavía funciona. No solo las amenazas ya no funcionan, sino que los niños aprenden a usar las amenazas para hacer que los demás hagan lo que ellos quieren.

Los padres suelen ven una conducta poco cooperadora como un desafío a su autoridad. Una vez que entendemos que una conducta no cooperadora es una comunicación de una necesidad insatisfecha del niño, un dolor o la respuesta a una expectativa poco realista de un adulto, no tenemos que tomarnos la conducta tan personalmente. Tanto los padres como los niños tienen necesidades. Los niños que están profundamente absorbidos en el juego no querrán parar de jugar e ir con nosotros al banco o a la tienda. Cuando un adulto necesita hacer una cosa y un niño necesita hacer otra, hay una competencia para lograr satisfacer sus necesidades. Esta competencia se vuelve una lucha de poder cuando usamos el poder del miedo en vez del poder del amor.

Nuestro vínculo o conexión con un niño es nuestra herramienta de crianza más poderosa. Creamos un vínculo sólido en el tiempo cuando satisfacemos amorosa y consistentemente las necesidades tempranas de un niño. Las amenazas comunican: "Lo que piensas, sientes, quieres o necesitas no es importante". Las amenazas perjudican el vínculo. Cuando aprendemos a relacionarnos de maneras que muestran a nuestros hijos que sus necesidades y sentimientos importan, fortalecemos el vínculo y evitamos las luchas de poder.

La falta de recursos es la razón más común de la competencia para lograr satisfacer nuestras necesidades. Si tuviéramos más recursos, no tendríamos que traer al niño al banco o a la tienda porque habría alguien para quedarse con él. Mientras nos falten recursos habrá competencia entre los padres y los hijos para lograr satisfacer sus necesidades. Hasta que descubramos cómo traer más recursos a nuestras vidas, tenemos que encontrar formas para cooperar y colaborar si queremos dejar de enseñarles a nuestros hijos a ser *bullies* o actuar de manera prepotente.

En la interacción diaria con nuestros hijos podemos usar habilidades de resolución de conflictos. Así como los niños aprenden *bullying* o intimidación de lo que los adultos modelan, pueden aprender, en su lugar, habilidades para resolver conflictos y problemas.

Los niños pequeños aprenden a resolver conflictos cuando lo modelamos. Podemos enseñarle a un niño más grande a encontrar otro juguete para intercambiar con su hermano menor en lugar de quitárselo. Cuando dos niños quieren el mismo juguete al mismo tiempo, podemos ayudarlos a que ellos resuelvan para encontrar una solución.

Cuando hay una lucha de poder, porque el padre quiere salir a hacer trámites y el niño quiere quedarse en casa, podemos decir: "Vamos a resolver el problema y encontrar una forma en que los dos tengamos lo que queremos". Quizás el niño podría llevar el juguete en el auto o a lo mejor el trámite podría esperar hasta mañana.

Cuando estamos listos para irnos del parque y el niño se quiere quedar más tiempo, podemos ofrecer un compromiso de quedarnos cinco minutos más y hacer algo divertido al llegar a casa. A menudo, no es tanto que el niño no quiera irse, sino que no quiere que se termine la diversión. Les enseñamos a los niños que las necesidades de todos son importantes al tomar las suyas en cuenta. En nuestro ejemplo, ellos aprenden a tomar en cuenta las necesidades de los demás.

Puede que no tengamos el tiempo o los recursos para cubrir las necesidades de un niño. A veces, incluso después de hacer un compromiso, el niño sigue sin poder cooperar. Entonces, comunicamos que los padres también tienen necesidades. Si poner límites hace infeliz al niño, escuchamos esos sentimientos antes de avanzar.

Nunca está bien decirles a los niños pequeños que te irás sin ellos. La amenaza del abandono los aterroriza. Cuando un niño hace una pataleta al tener que irse, puede que esa pataleta no sea acerca de irse.

Su disgusto en ese momento puede ser la última gota que desencadena una acumulación de pequeñas frustraciones. El niño puede necesitar vaciar el estrés del día. Un niño puede estar más listo para avanzar cuando le decimos: "Sé que estás triste y está bien que llores", en vez de: "¡Deja de llorar o te voy a dar algo para que tengas de verdad por qué llorar!". Cuando los niños terminan de llorar, pueden sentirse mejor y estar preparados para cooperar.

Es un agrado estar con los niños cuando atendemos sus necesidades y nada los está haciendo sufrir. Cuando un niño responde de manera negativa a un requerimiento razonable, buscamos el sufrimiento que está oculto o la necesidad insatisfecha. Una vez que reconocemos las necesidades de todos, podemos trabajar en resolver el problema.

Yo he aprendido a decir: "Cuando te portas así, sé que algo anda mal. Nos queremos el uno al otro y las personas que se quieren no se tratan de esta manera. ¿Puedes decirme lo que necesitas o lo que te está haciendo sufrir?". Si puedo acordarme de detenerme y hacer una simple pregunta, cambia todo el contexto de la lucha de poder. Esa pregunta comunica: "Te quiero, y lo que sientes y necesitas me importa".

A veces no hay una forma en que las dos partes puedan satisfacer sus necesidades. Sin embargo, no tener lo que necesitamos es más fácil de soportar si somos tratados de manera que se nos permita mantener nuestra dignidad. Amenazar o contar le comunica al niño: "Soy más grande que tú y tengo más poder, mejor haz lo que te digo o te voy a lastimar". Cuando un niño más grande le dice a uno más pequeño: "Haz lo que te digo o te voy a lastimar", lo llamamos *bullying* o acoso. Cuando un adulto comunica el mismo mensaje al niño contando, lo llamamos disciplina.

Tratar a los niños de maneras en que se les quita su dignidad les enseña a hacer lo mismo a los demás. Si queremos que los niños dejen de amenazar a otros niños, tenemos que dejar de hacérselo a ellos. El poder del miedo es fácil y rápido, pero de corta duración. El poder del amor requiere más trabajo y se demora más, pero los niños nunca superarán su influencia.

Los niños que ahora dependen de nosotros para cubrir sus necesidades mientras son pequeños serán un día los adultos que podrán dar solo lo que han recibido. Criemos a través de conexión en vez de coerción, a través de amor en vez de miedo.

Satisfacción de las Necesidades de los Niños a través de la Crianza Con Conexión: Premisas Básicas

- La mayor necesidad emocional de todo niño es el vínculo seguro con al menos otro ser humano.

- Nuestra tarea más importante como padres es asegurar y mantener un sólido vínculo padre-hijo.

- Mantener la conexión es clave para la crianza amorosa y efectiva y para el desarrollo humano óptimo de nuestros niños.

- Los padres siempre hacen lo mejor que pueden con la información, los recursos y el apoyo que tienen en cada momento determinado.

- El nivel de cooperación que los padres obtienen de sus hijos es equivalente al nivel de conexión de los niños sienten con sus padres.

- Lo que más quieren y necesitan los niños es estar con nosotros y hacer lo que nosotros hacemos.

- Los niños quieren estar con nosotros para mantener la conexión.

- Los niños quieren hacer lo que nosotros hacemos porque somos sus modelos.

- Todas las conductas son impulsadas por una necesidad. Hacemos lo que hacemos para satisfacer necesidades.

- Cuando las necesidades de los niños están cubiertas y nada los hace sufrir, son encantadores. Cuando no lo son, su conducta nos dice que algo necesitan.

- A veces, los niños no pueden identificar o comunicar con palabras lo que necesitan o lo que les hace sufrir. Los niños se comunican actuando sus necesidades y sufrimientos a través de su conducta (con conductas impulsivas).

- No podemos enseñarles a los niños a portarse mejor haciéndolos sentir peor. Los niños se portan mejor cuando se sienten mejor.

- Podemos aprender a descifrar las conductas de los niños y responder a sus necesidades, en vez de reaccionar a sus conductas.

- Cubrir sus necesidades toma la misma cantidad de tiempo y atención que lidiar con las conductas causadas por sus necesidades insatisfechas.

- El único conflicto que existe entre los padres y los niños está entre las estrategias que usamos para satisfacer nuestras necesidades.

- Ya sea que estemos criando de manera inconsciente a nuestros hijos de la forma en que nuestros padres nos criaron o que estemos conscientemente tratando de hacer lo contrario, la manera en que criamos está influenciada por la forma en que lo hicieron nuestros padres.

- La crianza nunca solía ser un trabajo de una persona o dos y nunca la naturaleza lo pretendió así. Las familias funcionan mejor cuando las necesidades de todos son atendidas. Se necesita un pueblo entero para cubrir las necesidades de los niños y los padres.

- Nunca seremos padres perfectos que crían hijos perfectos, pero podemos aprender a hacerlo mejor por nuestros hijos, por nosotros y por nuestro mundo.

- Nunca es demasiado tarde para crear una conexión más fuerte con nuestros hijos.

1
Conectarnos con Nosotros Mismos

Hicimos lo mejor que pudimos con lo que sabíamos; ahora que sabemos más podemos hacerlo mejor.
-Oprah

Mientras más aprendemos, más esperamos de nosotros mismos. Una regla en los talleres Crianza con Conexión es no usar esta información para hacerte sufrir por lo que no hiciste o no pudiste hacer. Sentirnos culpables por no hacerlo bien no les sirve a nuestros hijos, ni a nosotros.

Cuando leemos un libro nuevo de crianza o tomamos clases, a menudo nos sentimos culpables por no haber sabido o por no haber hecho siempre lo que aprendimos. Es importante hacer la distinción entre la culpa y el pesar. La culpa es lo que sentimos cuando ya sabíamos y no actuamos de acuerdo con lo que sabíamos. El pesar es la tristeza que sentimos cuando aprendemos algo nuevo que desearíamos haber sabido antes. Hacer esta distinción entre culpa y pesar es importante a medida al embarcarnos en aprender algunas maneras diferentes de crianza.

La mayoría de nosotros sabemos lo que necesitamos hacer para estar físicamente saludables, aunque no practicamos lo que sabemos todo el tiempo. Algunos días comemos alimentos saludables y algunos días comidas que no lo son. Una semana hacemos ejercicio regularmente y la siguiente no hacemos nada. Si crecimos alimentándonos de manera saludable y haciendo ejercicio regular, es más fácil hacerlo consistentemente siendo adultos. Si cuando niños no comíamos alimentos saludables y no hacíamos ejercicio regular, tenemos dificultad para formar esos nuevos hábitos como adultos. Es más fácil caminar un trayecto conocido que crear un nuevo camino.

Lo que hayamos experimentado cuando niños viene automáticamente a nosotros como adultos. Si tratamos de criar a nuestros hijos de manera diferente de la que fuimos criados, las maneras nuevas nos desafían. Igual que estaremos más saludables si comemos bien y hacemos ejercicio algo del tiempo, nuestra crianza será más enriquecedora y nutritiva si practicamos la crianza con conexión algo del tiempo.

Mientras más a menudo recordemos criar a través de conexión, más fuerte será el vínculo madre-hijo o padre-hijo. A mayor fortaleza del vínculo, nuestros hijos podrán enfrentar mejor los momentos en que nuestra crianza la hacemos de maneras menos cuidadosas.

Los padres que asisten a mi taller Crianza con Conexión quieren convertirse en los mejores padres que pueden ser. Los padres siempre hacen lo que mejor pueden en un momento dado, con la información, los recursos y el apoyo que tienen. Nunca he conocido un padre o madre que se despierte en la mañana y diga: "¿Qué podría hacer hoy para estropear a mis niños?".

Siempre hay una brecha entre aprender una nueva forma y poder hacerlo consistentemente. Scott Noelle, coach y autor de artículos sobre parentalidad consciente y holística, lo describe como: "La brecha entre los ideales saludables de crianza a los que adhieres intelectualmente y lo que eres capaz de hacer aquí y ahora". Convertirse en mejores padres significa que siempre estaremos aprendiendo. También significa que estaremos viviendo a veces en la brecha entre lo que estamos aprendiendo y lo que podemos hacer. Mientras más aprendemos sobre la crianza saludable, más viviremos en esa "brecha". A medida que nos esforzamos para llegar a ser más amorosos con nuestros hijos, debemos también esforzarnos para ser más amorosos con nosotros mismos.

*Ancora Imparo – **Todavía estoy aprendiendo.***
-Miguel Ángel

Las prácticas de crianza son culturales. La forma en que criamos está influenciada no solo por la forma en que fuimos criados, sino que también por las prácticas de crianza observadas en nuestra cultura. Estados Unidos se ha convertido en una cultura de débil vinculación. No tenemos que observar prácticas de crianza de vinculación débil solo porque es lo que nuestra cultura dicta como "normal". Podemos elegir prácticas de crianza saludables, de vínculos sólidos, aquellas para las que nuestros hijos están programados biológicamente, lo que esperan y necesitan para un desarrollo humano óptimo.

Todos los padres que he conocido han querido que la vida sea mejor para sus hijos de lo que fue para ellos. Muchos lamentan no haber tenido antes la información o el apoyo para practicar la crianza con conexión. En los talleres de Crianza con Conexión la retroalimentación que obtengo más a menudo es: "Desearía haber tenido esta información desde el principio". Yo también desearía haberla tenido.

Nunca es tarde para fortalecer nuestra conexión con nuestros hijos. Cada momento es una nueva oportunidad para estrechar el vínculo.

¿Dónde aprendimos a ser padres?

Criar a nuestros hijos es el trabajo más importante y desafiante que alguien puede tener. Pero, a diferencia de otros trabajos importantes, para criar no obtenemos preparación formal, educación o entrenamiento.

Con la ayuda de los padres en las clases de Crianza con Conexión, creé los siguientes ejercicios para empoderarte para que conozcas y elijas conscientemente prácticas de crianza que fortalecerán tu vínculo con tus hijos.

Preparación para Crianza con Conexión

RECORDATORIO: Aunque sea tentador solo leer o incluso saltarse estos ejercicios y seguir avanzando, te imploro que te tomes el tiempo de hacerlos. Escríbelos, porque *"se encenderán los bombillos"* en tus palabras, no en las mías.

*Recomiendo que escribas los ejercicios en un cuaderno especial en el que puedas seguir agregando cosas a lo largo de los años y seguir tu progreso.

Mis Metas de Crianza:
¿Qué esperas dar a tus hijos y qué esperas no darles?
Para obtener lo máximo de este libro necesitas identificar tus metas específicas de crianza.

Traza una línea en la mitad de un papel o en una página de tu cuaderno de crianza.

En la columna izquierda, escribe una lista de lo que quieres para tus hijos (cualquiera de las cosas que nutren la relación: amor incondicional, animarlos, autoestima, seguridad en sí mismo). Ésta es la lista de los cuidados que nutren.

En la columna derecha, escribe una lista de lo que no quieres para tus hijos (cualquier cosa que lastime: gritar, golpear, etc.). Esta es la lista de los sufrimientos.

Lo que Heredaste de tu Crianza:
¿Qué obtuviste de tus padres y qué no obtuviste? Mientras más conscientes nos hacemos sobre cómo nos afectaron los métodos de nuestros padres, más conscientes seremos de cómo nuestra crianza afecta a nuestros hijos.

Cuando hayas completado las dos listas, pon una marca al lado de todas las cosas que tú obtuviste cuando niño de la columna de cuidados.

Haz una marca al lado de las cosas que tú tuviste de niño de la lista de sufrimientos.

¿Qué notas sobre tus marcas en cada columna? ¿Qué columna tiene más marcas?

*NOTA IMPORTANTE: Nuestros padres hicieron lo mejor que pudieron con la información, los recursos y el apoyo que tuvieron. Cada generación de padres suaviza para sus hijos lo que ellos recibieron cuando niños. Si lo que tuvimos fue duro, imagina cómo lo fue para nuestros padres. Criamos a nuestros hijos mejor cuando podemos perdonar, sanar y no traspasar los sufrimientos.

Mis Fortalezas Parentales:
Los cuidados que tuviste te apoyarán dándote lo que quieres para tus hijos. Usa las frases marcadas de la lista de la columna de cuidados para empezar una lista de tus fortalezas parentales.

Mis Desafíos Parentales:
Empieza una lista de desafíos parentales con las frases que no marcaste en la columna de cuidados. Será desafiante darles a tus hijos esos cuidados que no obtuviste. Necesitas aprender activamente cómo hacer ese tipo de cuidados, porque no tuviste un modelo acerca de cómo hacerlo para tus hijos.

Más Desafíos Parentales:
Los sufrimientos que marcaste en la columna derecha son modelos que tuviste acerca de cómo tratar a los niños. Tú no quieres traspasar esos sufrimientos a tus propios hijos. Agrega estas frases a tu lista de desafíos. Donde tú tuviste sufrimientos, tienes un trabajo de sanación emocional que hacer. *Es menos probable que traspasemos nuestros propios sufrimientos cuando hacemos nuestro propio trabajo de sanación.*

El próximo ejercicio requiere de la participación de otra persona. Puedes elegir a tu pareja de crianza, a otro padre o a un amigo cercano. El propósito de este ejercicio es llevar tu entrenamiento inconsciente de criar a un nivel consciente de manera que puedas elegir intencionalmente qué partes de ese entrenamiento quieres repetir y qué partes quieres reemplazar.

Mini Biografía:
Tomen turnos para compartir su mini biografía a través de la co-escucha. Cuando una persona está contando su biografía, el que escucha simplemente escucha y no interrumpe comentando o haciendo preguntas.

- Di tu nombre, edad y dónde creciste

- Cuenta cuántos hijos eran en tu familia y tu posición entre los hermanos: hijo único, mellizo, mayor, del medio, etc.

- Cuenta la historia de tus papás, teniendo en mente que no llevarnos ni el crédito ni la culpa por su historia, es simplemente su historia. Ejemplo: Mis papás todavía están casados después de 40 años. Se divorciaron cuando yo tenía dos años. Mi papá era alcohólico. Mi mamá murió cuando tenía ocho.

- Habla sobre la disciplina en tu familia, para ti y tus hermanos. Trae un recuerdo querido de tu infancia: unas vacaciones, un feriado, un momento especial con un abuelo, etc.

- Durante la semana siguiente, tras el ejercicio de la mini biografía, pon atención a lo que dices y haces como mamá (o papá).

- ¿Qué haces y dices de la misma manera que fuiste criado?

- ¿Qué hacían y decían tus papás que te encuentras repitiendo, pero que quieres hacer diferente?

Agrégalo a tu lista de desafíos parentales.

- Agrega lo siguiente a tu lista de fortalezas parentales:
- ¿Qué cosas has elegido conscientemente hacer y decir diferente que tus padres?
- ¿Qué hacían o decían tus papás que elegiste conscientemente repetir y pasar a tus hijos?
- ¿Qué haces y dices como madre o padre que te hace sentir bien?

Tómate unos minutos para apreciar tus fortalezas.

- Tus listas de metas de crianza, tus fortalezas y tus desafíos son tus mapas para el recorrido de criar a tus hijos. **Crianza con Conexión** es tu guía.

Libros Recomendados

When Your Kids Push Your Buttons de Bonnie Harris.

Paternidad Libre de Gritos. Educar a tus Hijos Manteniendo… la Calma, de Hal Edward Runkel

Don't Let Your Emotions Run Your Life – How Dialectical Behavior Therapy Can Put You In Control por Scott E. Spradlin, MA

Términos y Herramientas de Crianza con Conexión

A través este libro uso los términos conexión y desconexión. Los defino así:

Conexión
Sentirse amado y escuchado.

Desconexión
Sentirse lastimado y no escuchado.

Muchos padres que asisten a mis clases dicen que están ahí para obtener nuevas "herramientas" de crianza. En Crianza con Conexión hay sólo dos herramientas.

El objetivo de Crianza con Conexión es satisfacer las necesidades de conexión de los niños proactivamente. Cuando el nivel óptimo de conexión está muy bajo, los niños comunican su necesidad de más conexión a través de tu conducta. Cuando las conductas del niño nos desafían, usamos la herramienta #1.

HERRAMIENTA #1: Conexión
Proveer a los niños con una conexión consistente y amorosa a través de contacto visual, contacto físico amoroso, respeto, escucha y pasar tiempo trabajando y jugando juntos.

Cuando nos preguntamos cómo responder a la conducta del niño, nos preguntamos: "¿Esta respuesta es conexión o coerción?". Busca una forma de responder a la conducta sin crear desconexión. Conecta antes de corregir.

HERRAMIENTA #2: Reconexión
A veces la conducta de un niño nos provoca y reaccionamos antes de conectar. Podemos darnos cuenta cuando nuestra reacción ha

causado desconexión. Un niño que se siente lastimado y/o no escuchado hará lo siguiente:
Ataca - Llora o grita
O
Se retrae - No hace contacto visual, no habla con nosotros y rechaza que lo toquemos.

Tan pronto como nos damos cuenta de que nuestra reacción ha creado una desconexión nos reconectamos con la herramienta #2.

Las 3 R's de la reconexión son:

Retroceder
Reconocer nuestra conducta que lastima ("Lo que dije fue hiriente")

Reparar
Disculparse y hacerle saber al niño que no merecía nuestra conducta

Repetir
Responder con amor y escuchar

Siempre sabremos cuando la conexión se reestablece. Cuando los niños se sienten conectados, hacen contacto visual, nos hablan y reciben nuestras caricias.

Ahora tienes las herramientas de Crianza con Conexión. Sin embargo, las herramientas solo son útiles cuando también tenemos las habilidades para usarlas. El resto de este libro está dedicado a apoyarte en el desarrollo y la práctica de las habilidades para usar las herramientas de Crianza con Conexión para mantener la conexión y construir los lazos fuertes que los niños necesitan para desarrollarse plenamente.

Antes de leer el Capítulo Dos, *obtén el máximo beneficio de este libro.*

Las listas que creaste en el Capítulo Uno dirigirán tu uso del material en el resto de este libro. Se te pedirá que te refieras a tu lista de metas de crianza (lo que quieres y no quieres dar a tus hijos) en otros capítulos.

Los siete capítulos de este libro replican las siete sesiones del taller Crianza con Conexión™ "Atender las Necesidades de los Niños"[2]. Las clases duran dos horas cada semana y los participantes tienen una semana entre cada tema para poner en práctica lo que han aprendido, y cuando vuelven comparten sus experiencias. Si estás leyendo este libro con un grupo de lectura que se reúne una vez a la semana, les recomiendo que hagan un capítulo a la vez. Si lo estás leyendo por tu cuenta, te recomiendo que no leas más de un capítulo al día para sacar el máximo provecho de cada uno.

Aprendemos de tres *maneras*: explicación, ejemplo y experiencia. Las explicaciones y los ejemplos en este libro enseñan sobre la conexión con los hijos. El aprendizaje de la experiencia vendrá de practicar la conexión con ellos. Este capítulo explica por qué necesitamos tratar a los niños con el mismo respeto que esperamos. Los ejemplos de la diferencia entre tratar a los niños con respeto o sin respeto explican por qué la falta de respeto causa desconexión y el respeto crea conexión.

Las explicaciones y los ejemplos en este libro vienen de las clases de Crianza con Conexión. La parte de las clases que *no* replico en el libro es el chequeo inicial de los participantes. Cada semana, ellos se escuchan, cómo otros padres, en otras circunstancias, interpretaron e implementaron la información de la sesión previa. Una de las ventajas de leer este libro con un grupo, o con al menos una persona más, es que experimentas la maravilla de compartir, de recibir retroalimentación y apoyo.

2

Conectarse con los Niños Respetándolos

Los niños aprenden lo que viven.
-Dorothy Lay Nolte

Me avergüenza decir que estuve enseñando por muchos años mis talleres de crianza "Atender las Necesidades de los Niños" antes que descubriera el trabajo de Joseph Chilton Pearce en su libro **Magical Child**. Aunque estaba enseñando a los padres a satisfacer las necesidades emocionales de los niños, no les estaba diciendo *por qué* es tan importante. A través del trabajo de Pearce hice la conexión acerca de la conexión. Comprender la vital importancia del vínculo padre-hijo juntó todas las piezas del puzle.

Cubrir las necesidades emocionales de los niños crea y mantiene el vínculo esencial que necesitan para progresar. El vínculo es la conexión consistente y amorosa del niño con al menos una persona. Los estudios muestran que muchos niños en orfanatos, cuyas necesidades físicas fueron satisfechas, presentaron falla de crecimiento o incluso murieron por falta de contacto físico, atención y conexión.

Las necesidades emocionales de los niños son tan importantes como sus necesidades físicas. Esos niños huérfanos murieron de una falla del crecimiento no orgánica debido a que no tuvieron suficiente conexión amorosa con al menos un adulto. Si los niños pueden morir por la falta de una conexión amorosa y consistente, y los niños fuertemente vinculados progresan ¿esto explicaría que los niños con un vínculo débil sobreviven físicamente, pero no progresan?

Una de las necesidades emocionales más básicas de los niños es ser tratados con respeto. La base de la Crianza con Conexión es tratar al niño con respeto. Para satisfacer su necesidad de conexión, los niños necesitan ser tratados con el mismo respeto que esperamos nosotros. La falta de respeto lastima. El sufrimiento causa desconexión y la desconexión debilita la fuerza del vínculo de la madre (o padre) con su hijo.

Por demasiado tiempo los niños han sido tratados como ciudadanos de segunda clase, como "menos" que los adultos. La idea de tratar a los niños con el mismo respeto que esperamos suena extraña para los padres que crecieron escuchando "los niños deben ser vistos y no escuchados". Le he preguntado a muchos padres que crecieron oyendo esa frase, qué significaba para ellos cuando eran niños. La mayoría dice que significaba que se esperaba que estuvieran tranquilos y que no importaba cómo se sentían o lo que tuvieran que decir.

Los adultos a menudo cometen el error de creer que como los niños son pequeños y tienen menos información y experiencia, no tienen los mismos sentimientos que nosotros. Los niños sí tienen los mismos sentimientos y son más sensibles y vulnerables. Las mismas palabras o acciones que hieren nuestros sentimientos y nos hacen sentir no respetados se sienten igual para los niños. La dignidad no es algo que se consigue cuando nos hacemos adultos. Todos nacimos con dignidad humana. Las mismas palabras o acciones que nos quitan nuestra dignidad también les quitan la dignidad a los niños.

Una de las quejas más comunes que escucho sobre los niños "de hoy en día" es que no tratan a nadie con respeto. ¿Cómo pueden respetar sin recibir respeto primero? Los niños no nacen siendo irrespetuosos, eso se aprende. Los niños imitan a los padres, los miembros de la familia, los amigos, los cuidadores, los profesores y la televisión. Mientras más los niños salen al mundo, a más modelos están expuestos. No podemos hacer que los niños nunca vean modelos del tipo de conducta que no queremos que imiten, pero podemos ser más selectivos de los modelos a los que queremos exponerlos, especialmente en la televisión.

No podemos esperar que los niños entiendan y practiquen la regla de oro si los tratamos de maneras en que nosotros no quisiéramos ser tratados. Los sabios dichos "cosechas lo que siembras" y "quien siembra vientos recoge tempestades" aplican a cómo tratamos a los niños. A todo adulto que desea respeto le corresponde tratar respetuosamente a los niños. Ya sea que los niños crezcan bajo nuestro techo o no, viven en el mismo mundo que nosotros y su conducta impacta nuestras vidas.

Si te cuestionas si tus palabras hacia un niño son irrespetuosas, pregúntate: "¿Usaría esas palabras en ese tono de voz con un buen amigo?". Si no, son irrespetuosas.

En clases, leí una pieza brillante de Erma Bombeck titulada "Treat Friends, Kids The Same"[3]. Bombeck se imagina tener amigos para cenar y decirles esas frases que muchos de nosotros oímos cuando niños:

"Cierra la puerta. ¿Naciste en un establo?".

"No trabajé todo el día en el horno caliente para que picotees como un pajarito".

"Siéntate derecho o tu columna va a crecer chueca".

Los padres se ríen a carcajadas imaginándose que les hablan así a sus amigos y entonces se dan cuenta que es igualmente irrespetuoso decírselo a los niños. Tratarlos con el mismo respeto que le daríamos a nuestros amigos no significa que deberíamos tratarlos como adultos o que deberíamos ser permisivos o nunca enojarnos.

La mayoría de las cosas irrespetuosas que los adultos les dicen a los niños son tan automáticas que las decimos antes de darnos cuenta. Los seres humanos son como cintas grabadoras. Cada palabra que escuchamos queda grabada permanentemente en nuestro subconsciente. Los adultos llevan consigo las "grabaciones" de las palabras irrespetuosas que escucharon siendo niños. Cuando la conducta de los niños nos provoca, nuestras grabaciones "se reproducen" y nos encontramos repitiendo lo que escuchamos cuando niños. ¿Hay algún padre que no se ha escuchado a sí mismo diciendo las palabras de sus padres a sus propios hijos?

Los niños nunca han sido muy buenos para escuchar a los mayores, pero nunca han fallado en imitarlos.
-James Baldwin

Noventa y cinco por ciento de lo que los niños aprenden viene de lo que los adultos modelan. Los niños son espejos, nos reflejan lo que decimos y hacemos. Cuando los adultos hablamos, somos modelos para los niños que están en nuestra presencia. Los niños graban cada palabra que les decimos a ellos o a quienes están alrededor. Cada vez que somos irrespetuosos hacia un niño, estamos modelando cómo ser irrespetuosos.

Los niños hacen lo que nosotros hacemos, no lo que les decimos que hagan. Cuando tratamos a los niños sin respeto, ellos aprenden a ser irrespetuosos. Les enseñamos respeto modelándolo y dándole a los niños el mismo respeto que esperamos. El lenguaje que escuchamos al crecer es el que aprendimos a hablar.

Irónicamente, los adultos tratan muy a menudo de enseñar a los niños a ser respetuosos tratándolos irrespetuosamente. Cuando los adultos instruyen a los niños criticándolos, dándoles sermones, avergonzándolos, dándoles órdenes, gritando, amenazando y golpeando, se lastima a los niños. Cuando los seres humanos somos heridos emocionalmente, nuestro pensamiento se paraliza. Cuando el pensamiento de un niño está paralizado, no puede aprender lo que un adulto intenta enseñarle hacer o no hacer. Puede solamente grabar e imitar lo que se le modela. Si estamos comprometidos a mantener conexión con nuestros niños, debemos reconocer, exponer y trabajar en eliminar el tratar a nuestros hijos de manera irrespetuosa.

Debemos convertirnos en las personas que queremos que sean nuestros hijos.
-Joseph Chilton Pearce

Tratar a los niños con respeto requiere un cambio de actitud que viene solo de un cambio mayor sobre cómo vemos a los niños y cómo definimos respeto. Modelar la conducta que queremos que los niños aprendan es la forma respetuosa de enseñarles. Si esperamos que los niños tengan buenos modales, que compartan, que se disculpen, que sean honestos, amables, respetuosos y amorosos, debemos hacerlo y ser todo eso. Aprender a enseñar a los niños a través del modelaje consciente e intencional toma tiempo, práctica y estar dispuestos a ver y cambiar nuestro comportamiento.

Los padres son los modelos principales en los primeros años. Los niños necesitan adultos que modelen las conductas que ellos esperan. Cuando un niño no se comporta de la forma que esperamos, nos preguntamos: "¿Estoy siendo un modelo de la conducta que espero y que aceptaría en mis hijos?".

Recuerda: nuestros hijos graban e imitan todo lo que decimos y hacemos. Aprender a enseñar a través del modelaje intencional es simple, pero no fácil. Dejar de reproducir nuestras cintas antiguas es difícil. Al mismo tiempo que nos entrenamos nosotros mismos para ser tan respetuosos con los niños como lo somos con los adultos, también nos sentimos provocados y nos enojamos. Nuestras antiguas cintas irrespetuosas se reproducen y creamos desconexión.

Nos reconectamos usando la herramienta #2: Retroceder, Reparar y Repetir. Decir "Retroceder" es un reconocimiento de que nos sorprendimos comunicando de una forma irrespetuosa. Reparamos disculpándonos. Entonces repetimos la escena tratando al niño de manera respetuosa.

Cuando modelamos corregir nuestra conducta con retroceder, reparar y repetir, entonces podemos recordarles a los niños a "retroceder" cuando ellos hablan o se comportan de maneras irrespetuosas o inaceptables. Ellos sabrán de nuestro propio ejemplo que ellos también pueden reconectarse a través de retroceder, reparar y repetir, la manera en que hablan o se comportan. Cuando le damos a los niños el mismo respeto que esperamos, modelamos respeto y mantenemos conexión.

Predicar con el ejemplo: si elegimos recordarles a los niños ser respetuosos diciendo "retroceder" cuando son irrespetuosos, debemos darles permiso para recordarnos retroceder cuando nosotros somos irrespetuosos.

Practicar la Crianza con Conexión

Algunas de las formas irrespetuosas en que los adultos tratan a los niños han sido usadas y dichas por tanto tiempo, que no nos damos cuenta de que son irrespetuosas.

Cuando eras niño algún adulto alguna vez:

- ¿Te instó a decir por favor y gracias?
- ¿Insistió que dijeras que lo lamentas?
- ¿Te forzó a compartir tus juguetes?
- ¿Te demandó que abrazaras o besaras a miembros de la familia o amigos cuando no querías hacerlo?
- ¿Te dieron órdenes en vez de pedirte?
- ¿Hablaron acerca de ti como si no estuvieras ahí?
- ¿Te acuerdas como se sentía ser tratado de esa manera?

Cuando niños, creíamos que merecíamos la forma en que éramos tratados. La forma en que fuimos tratados fue nuestro modelo para tratar a nuestros hijos.

Ahora, siendo adulto, alguna vez:

- ¿Has instado a tus hijos a decir por favor y gracias?
- ¿Insistes en que los niños pidan disculpas?
- ¿Fuerzas a los niños a abrazar o besar a los miembros de la familia o amigos cuando no quieren hacerlo?

- ¿Les das órdenes en vez de pedir las cosas?
- ¿Hablas sobre tus hijos en frente de ellos como si no estuviera ahí?

Al considerar estas preguntas, muchos padres se retuercen en sus sillas, porque la mayoría de nosotros ha tratado a sus hijos de esta forma alguna vez. Yo sé que lo he hecho y a veces todavía lo hago cuando me siento provocada y no detengo mis antiguas cintas de coerción a tiempo. Entonces, tengo que retroceder, reparar y repetir.

Cómo los tratamos es lo que les enseñamos.

Cuando modelamos usando coerción, enseñamos a los niños a usar coerción. Hemos escuchado a un niño decirle a otro niño "tú no me mandas". Nuestro trabajo como padres es ser el líder de nuestros hijos, no sus jefes. Queremos que nuestros hijos sigan nuestro liderazgo de confianza, amor y respeto no de miedo.

Ejemplos de Tratar a los Niños con el Mismo Respeto que Esperamos

Mantenemos conexión con nuestros hijos y reforzamos el vínculo cuando practicamos la regla de oro y les damos a los niños el mismo respeto que le daríamos a nuestros amigos.

Les enseñamos a nuestros hijos a ser corteses a través de modelar buenos modales.

Impulsar a los niños a decir por favor y gracias los avergüenza. No decimos: "¿Cómo se dice?" o "¿Cuál es la palabra mágica?" a nuestros amigos, pero los niños lo escuchan todo el tiempo. ¿Nosotros **siempre** decimos por favor y gracias a los niños y entre nosotros? Si no, estamos modelando que a veces se dice y a veces no y los niños entonces imitan el modelo de a veces decirlo y a veces no. Si esperamos que los niños siempre lo digan, modelamos decir siempre favor y gracias a ellos y entre nosotros.

Una de las partes más difíciles de enseñar buenos modales a través de cortesía en vez de instruir a los niños a ser corteses es que nos sentimos avergonzados cuando nuestros hijos lo olvidan. Tememos que la gente pensará que no estamos enseñando a nuestros hijos buenos modales. Cuando los niños no recuerdan decir gracias a alguien, nosotros simplemente agradecemos a la persona. La persona es apreciada y los niños ven nuestro modelo de cortesía.

Les enseñamos a disculparse cuando nosotros decimos "Lo siento" a ellos y a los demás.

Cuando los niños saben que han hecho algo malo, experimentan una pérdida de dignidad. Insistir en que se disculpen aumenta su pérdida de dignidad. Perder la dignidad es una herida emocional. Cuando los niños se sienten lastimados no pueden pensar bien. Cuando no pueden pensar bien, no pueden aprender. Los niños necesitan nuestro apoyo para mantener su dignidad y descubrir maneras de enmendar.

Enseñamos generosidad modelando compartir.

Forzar a los niños a compartir sus juguetes es coerción. Cuando usamos nuestro tamaño y poder para forzar a los niños a compartir, ellos cumplen por miedo, no por generosidad. Esperar que los niños pequeños compartan es una expectativa adulta poco realista.

Los niños aprenden a compartir al ver modelos de compartir. Aunque nosotros modelamos compartir muchas cosas con los niños, no modelamos compartir juguetes. Enseñamos compartir juguetes a través de modelar compartir juguetes. En vez de siempre comprar juguetes para tus hijos, trata de tener tu propia caja de juguetes y comparte tus juguetes con tus hijos y con aquellos que te vengan a visitar.

Los adultos reclamamos el derecho de decidir cuáles de nuestras posesiones les permitiremos usar o no a nuestros hijos. Los niños aprenden a decir: "Esto es mío, no lo puedes usar", del modelo de los adultos cuando dicen: "Esto es mío, no lo puedes usar". Ese mensaje les enseña a los niños que cuando tenemos algo, vamos a decidir acerca de eso. Si ellos tienen algo, ellos esperan poder decidir sobre eso. Ser respetuoso significa que respetamos el derecho del niño de decidir sobre sus cosas. Esto significa ser más selectivo sobre lo que damos a los niños y lo que compramos para nuestra propia caja de juguetes o para la familia. Los niños no necesitan tener juguetes propios para usarlos.

Igual que con los modales, tememos que los demás piensen que no enseñamos a nuestros hijos a compartir si no los forzamos a hacerlo. Compartir nuestros juguetes e invitar a los niños a traer algunos juguetes que no serán obligados a compartir, demuestra que elegimos enseñar a compartir de otra manera.

Es un trabajo del adulto cubrir las necesidades emocionales del niño. No es el trabajo del niño cubrir las necesidades emocionales del adulto.

¿Alguna vez tuviste que abrazar o besar a un pariente, aunque no querías? ¿Te acuerdas lo que se sentía? Si los adultos van a ser respetuosos con los niños, les ofrecemos afecto en vez de demandas. Demandar que abracen o besen a los familiares o amigos no les enseña a los niños a ser afectuosos. Les enseña que no van a decidir sobre sus cuerpos.

Ofrecemos afecto diciendo: "Tengo un abrazo para ti, ¿te gustaría que te lo dé?". A veces los niños dicen no porque pueden. Generalmente los niños aceptan con gusto si tienen un vínculo con la persona que les hace la oferta.

Cuando los abuelos, otros parientes o amigos piden o demandan afecto de nuestros hijos una forma de respetar los sentimientos de los niños y protegerlos de "tener" que llenar la necesidad del adulto de afecto es ofrecernos nosotros en vez de ellos: "Creo que Sammy no tiene besos o abrazos hoy, pero yo tengo". Si no le damos un beso de despedida a la abuela no tenemos por qué exigírselo a los niños. Si esperamos que los niños sean afectuosos con los demás, modelamos ser afectuosos con los demás.

No tenemos que herir los sentimientos de un adulto para respetar los sentimientos de un niño.

Podemos ser proactivos al hablar a los niños y dar ideas que protejan los sentimientos de todos antes que visitemos gente que sabemos que pueden pedir afecto. A veces los niños se sienten bien dando "los cinco" o lanzando besos al aire si lo comentamos antes. El código de radio aficionados para besos y abrazos es 88. A menudo decimos "88" para despedidas rápidas, decir adiós por teléfono y despedidas en general a las personas que piden o demandan afecto.

Los niños responden a las invitaciones.

Nos sentimos disminuidos cuando alguien nos da una orden o nos manda en lugar de pedir las cosas. Los niños se sienten de la misma manera. Obtenemos más cooperación de los niños con una invitación que con una orden. Cuando les damos órdenes, creamos desconexión.

Los niños quieren estar con nosotros y hacer lo que nosotros hacemos.

La palabra más "mágica" que conozco es "vamos". "Vamos a recoger los juguetes", "Vamos a lavarnos los dientes", "Vamos a dejar las botas con barro en la puerta". Vamos a decir vamos, ¡funciona!

La única vez que "vamos" no recibe cooperación es cuando ya hay desconexión. Entonces necesitamos reconectar antes de decir "vamos". Cuando un niño rechaza cooperar con un pedido o una invitación razonable, respetuoso hay en algún lugar un sufrimiento que necesita ser atendido antes que podamos reconectar.

Incluir al niño en la conversación cuando necesitamos hablar a otro adulto sobre un niño en su presencia.

Empezamos a hablar sobre los niños en frente de ellos cuando son bebés y no pueden hablar por sí mismos. Entonces olvidamos dejar de hacerlo cuando son lo suficientemente grandes para hablar por ellos mismos. ¿Puedes imaginarte hablar a tu amigo Ted sobre tu amiga Polly como si ella no estuviera presente ahí? Los adultos hacen esto todo el tiempo con los niños.

Como proveedor de Jardín Infantil, los padres esperaban que les contara sobre el día de sus hijos cuando los iban a buscar. Yo aprendí a ser respetuosa con los niños incluyéndolos en la conversación. Decía "Vamos a contarle a mamá/papá sobre nuestro día". A veces el niño se unía a la conversación y a veces decía "Tú cuéntale" y se iba a jugar. De cualquier manera, estaba siendo más respetuosa.

> *Debemos convertirnos en el cambio que queremos ver en el mundo.*
> *- Gandhi*

La crianza es trabajo no importa cómo lo hagamos.

Los padres a menudo dicen: "Pero la coerción funciona". Sí, funciona, pero ¿por cuánto tiempo y a qué costo? Si los niños hacen lo que les pedimos o lo que esperamos solo porque los obligamos, siempre tendremos que dar instrucciones y órdenes. Enseñar a través de modelar toma más tiempo que enseñar a través de coerción. Solo modelar no producirá las conductas y valores que esperamos. Es tener un vínculo sólido con su modelo lo que causa que los niños quieran comportarse de manera de mantener la conexión. Los niños con un vínculo fuerte, que han aprendido de nuestro modelaje, es más probable que hagan lo que esperamos sin que se los digamos.

La crianza con coerción es un arreglo rápido, pero no construye un vínculo sólido. La crianza con conexión toma más tiempo, pero construye un vínculo fuerte. O hacemos el trabajo de crear un vínculo sólido cuando son pequeños o haremos el trabajo de lidiar con las conductas causadas por un vínculo débil cuando sean mayores. Toma la misma cantidad de tiempo y atención cubrir las necesidades de conexión de los niños que lidiar con las conductas causadas por sus necesidades insatisfechas.

Tratar a los niños con respeto mantiene la conexión y fortalece el vínculo. La coerción puede funcionar cuando los niños son pequeños, pero cuando crecen necesitamos algo mucho más fuerte que la coerción. *La conexión es más fuerte que la coerción.*

Tratar a los niños con respeto significa adoptar nuevas maneras de tratar y hablarle a los niños. Toma tiempo formar nuevos hábitos. Durante esos momentos en que nos sentimos provocados solemos reaccionar y recurrir a la coerción. Cuando lo hacemos, usamos la herramienta #2. Retrocedemos, reparamos y repetimos para reconectarnos.

En tu Cuaderno de Crianza:

Vuelve a tu lista de metas de crianza. Al leerlas, ¿identificas alguna cosa en que tratar a los niños con más respeto apoyaría tus esfuerzos para darle a los niños el cuidado que quieres darles?

Vuelve a tu lista de desafíos de la crianza. ¿Ves algo de la lista en que tratar a los niños con más respeto apoyaría tus esfuerzos de evitar los sufrimientos?

Libros Recomendados

Escapar de la Infancia de John Holt

When I am Little Again and The Child's Right to Respect de Janusz Korczak

Magical Child de Joseph Chilton Pearce

3

Conectar a través de Escuchar los Sentimientos de los Niños

Es nuestro trabajo proteger a los niños, pero no podemos protegerlos del dolor emocional. La decepción, la frustración, el miedo, la vergüenza, sentirse excluido y la pérdida son parte de la experiencia humana. Aunque no podemos proteger a los niños de experimentar esos dolores emocionales, podemos apoyarlos a sanar ese sufrimiento.

No es nuestro trabajo hacer que los niños dejen de llorar. Una vez que aprendemos cómo los niños (y los adultos) sanan sus dolores emocionales natural y espontáneamente, podemos apoyar su proceso de sanación en vez de impedirlo. Los niños sanan sus propias heridas cuando tienen la seguridad que les han provisto los adultos que están dispuestos a escuchar sus sentimientos.

¿Alguna vez te sentiste disgustado y tuviste un amigo que te escuchó sin interrupción y sin darte consejos o tratar de corregirte mientras hablabas, llorabas o te quejabas? Una vez que vaciaste tus sentimientos ¿te acuerdas si te sentiste mucho mejor y más conectado a ese amigo? Los niños se sienten mejor y más conectados a nosotros cuando escuchamos sus sentimientos sin interrumpirlos, darles consejos o tratar de corregirlos. Escuchar los sentimientos de los niños construye conexión y fortalece el vínculo.

Sanar las Heridas Emocionales

Los seres humanos sanan sus heridas a través del proceso natural y espontáneo de descargar los sentimientos dolorosos que resultan de ellas. Si observas a los niños pequeños, notarás que espontáneamente lloran cuando se sienten heridos, molestos o asustados. La investigación sobre las lágrimas humanas muestra que aquellas que lloramos de emoción contienen hormonas de estrés. Las lágrimas liberan dolor y estrés. Otras formas en que liberamos los dolores emocionales y estrés son gritar, enfurecerse, hablar repetidamente acerca del malestar, temblar, reírse, transpirar y bostezar.

Sin esta información, los padres y los cuidadores no saben qué hacer cuando un niño llora o se enfurece. Si nuestros intentos de consuelo o de arreglar el problema no detienen el llanto, nos frustramos e incluso nos enojamos con el niño. Los niños necesitan adultos que se queden con ellos y los apoyen mientras liberan su dolor en vez de detener el llanto. Interrumpir el llanto interfiere con el proceso natural de sanación.

Por qué y Cómo los Adultos Impiden que los Niños Sanen las Heridas Emocionales

Como nuestros padres no tenían esta información, la mayoría de nosotros creció escuchando: "Está bien… no llores. No hay nada por qué llorar. No seas mariquita. Los niños grandes no lloran. ¡Para de llorar o yo mismo te voy a dar algo para que llores!". Si crecimos escuchando estas respuestas a nuestros sentimientos, cargamos esas grabaciones y decimos las mismas frases a nuestros niños cuando lloran o están enojados. Los niños pequeños aprenden a suprimir su proceso de recuperación emocional cuando reciben mensajes de que expresar sus sentimientos dolorosos no es aceptable. Estas diez respuestas paralizan el proceso:

- Invalidar: "No hay nada por qué llorar o tener miedo".

- Avergonzar: "No llores. Sé un(a) niño(a) grande. No seas mariquita. No seas un bebé".

- Amenazar: "Te voy a dar algo para que tengas por qué llorar".

- Apaciguar o arreglar el problema: "Yo te doy uno nuevo".

- Distraer: "Vamos a buscar una galleta".

- Aislar: "Anda a tu habitación hasta que dejes de llorar".
- Ignorar: (se diga o no se diga) "No te voy a hablar hasta que dejes de llorar".
- Superar: "Crees que eso es malo, escucha lo que me pasó a mí".
- Culpar: "Tienes demasiado, no deberías estar molesto por eso".
- Usar el humor: El niño se cae al pavimento, "¿Le hiciste daño a la vereda?".

Todas estas respuestas le dan al niño un mensaje claro: "Suprime la expresión y la liberación de tus sentimientos dolorosos".

Si estás leyendo este libro con un grupo de lectores, elige un compañero y tomen turnos para contarse lo que recuerdan que se les decía cuando eran niños pequeños y lloraban o se enojaban. Usa un minuto para contar y escucha por un minuto a tu compañero.

Esta también es información importante para intercambiar con tu pareja parental. Les ayudará a entender por qué cada uno de ustedes responde de la manera en que lo hace a los llantos y los enojos de sus hijos.

Si no estás en un grupo de lectura, escribe en un diario algo que describa lo que recuerdas haber escuchado cuando llorabas o te enojabas.

La mayoría de nosotros experimentó alguna interferencia cuando liberábamos nuestros sentimientos dolorosos, y generalmente era específico al género. Si de alguna forma era aceptable llorar para las niñas, no lo era estar enojadas. No era agradable para una niña expresar rabia. Si de alguna forma era aceptable para los niños expresar la rabia, no lo era llorar, porque era considerado ser afeminado o un bebé llorón. Como resultado, muchas mujeres adultas lloran cuando se sienten enojadas y muchos hombres se enojan cuando se sienten heridos, porque aquellas eran las únicas vías de expresión permitidas. Las mujeres se enojan y los hombres sienten tristeza. Los sentimientos no son específicos del género.

Almacenamiento del Sufrimiento Emocional

Necesitamos la atención de otra persona cuando liberamos nuestros sentimientos dolorosos. Necesitamos alguien que nos escuche. Los niños saben esto. ¿Has visto a un niño caerse en el parque de juegos y mirar a su alrededor para ver si alguien se dio cuenta? Si nadie le confirma al niño que lo vio caerse es probable que no llore. Sabe que no hay nadie que lo escuche. Si alguien se da cuenta que se cayó, puede que llore y llore. Cuando hay un llanto fuerte por una pequeña herida, las lágrimas son acerca de algo más que esta herida.

- Cuando ocurren sufrimientos emocionales y no hay nadie que escuche, no es seguro descargar los sentimientos dolorosos.

- Los niños (y los adultos) almacenan los sufrimientos no descargados.

- Guardamos las lágrimas que no lloramos.

- Cuando alguien llora, el llanto puede ser sobre algo más que lo que está pasando en ese momento.

- Cuando alguien escucha, el dolor del momento gatilla la descarga de otros sufrimientos guardados.

- Cuando invalidamos los sufrimientos de los niños, aprenden a dejar de confiar en sus emociones.

- Decimos: "No expreses tus sentimientos". Los niños escuchan: "No sientas tus emociones".

- Decimos: "No puedo aceptar tus sentimientos". Los niños escuchan: "No puedo aceptarte".

Los niños necesitan desesperadamente que los aceptemos. En vez de arriesgarse a ser rechazados por expresar sus sentimientos dolorosos, los niños aprenden a detener la expresión de sus emociones.

Conductas de Control

Los niños aprenden a controlar la liberación de sus sentimientos al igual que aprenden el control de esfínteres. Cuando los niños aprenden que no es aceptable descargar espontáneamente su vejiga cuando se llena, desarrollan control sobre esos músculos, de manera que pueden "aguantar" hasta que estén en el lugar apropiado. Cuando aprenden que no es aceptable liberar sus sentimientos, desarrollan el control para mantenerlos guardados.

Para controlar la descarga emocional, los niños desarrollan conductas de control como morderse las uñas, enroscarse el pelo, mascar la ropa, el pelo o los lápices. Los niños pequeños no han tenido tiempo de desarrollar mucho control sobre la descarga de sus sentimientos. Mientras más pequeños son, menos espacio tienen para guardar sus sufrimientos. A medida que crecen, van ganando más control y teniendo más capacidad para almacenar sus sufrimientos.

Sin embargo, algunos niños descargan más frecuentemente y con más intensidad que otros. Un niño sensible experimenta sufrimientos en un nivel más profundo que otros. Su taza se llena más rápido y necesita vaciarla más seguido. Los niños que descargan sus sufrimientos más seguido puede que tengan más dolores para descargar o simplemente no pueden mantenerlos dentro por mucho tiempo. Si tienes un niño que hace pataletas frecuentes e intensas, puede que tengas un niño intenso.

Seguridad Emocional

Una vez que los niños desarrollan conductas de control, los únicos momentos en que liberan sus sentimientos son cuando se sienten seguros o cuando no tienen más espacio dentro para guardarlos. La seguridad es la explicación de por qué las personas dicen que los niños actúan "peor" cuando están con sus padres. Cuando la seguridad es suficiente, la descarga de sentimientos dolorosos es espontánea. Los padres generalmente son el lugar "seguro" de sus hijos.

Frecuentemente los niños contienen sus sufrimientos cuando están lejos de sus padres. Puede que los padres escuchen impresionantes reportes acerca de lo bien que su hijo se comportó todo el día, pero al momento de llegar a casa el niño hace una explosión de pataletas.

La seguridad también es la explicación de por qué los niños a veces estallan en pataleta al tener un montón de atención. Cuando pasamos tiempo conectándonos con los niños se sienten queridos y seguros. Si hay sufrimientos escondidos dentro, nuestra atención amorosa les provee el lugar seguro que gatilla la descarga.

Los padres se frustran cuando han destinado tiempo y atención para su hijo y el niño saca a relucir dolores antiguos, que se sienten como críticas. **Recuerda** que parte de la conexión es crear la seguridad que le permita a los niños liberar y sanar los dolores almacenados que entorpecen el camino de la conexión.

La seguridad tiene el mismo efecto en los adultos. Ellos son expertos en retener sentimientos dolorosos. Puede que haya sido un accidente, una enfermedad o una muerte y contenemos nuestros sentimientos hasta que una persona segura para nosotros entra por la puerta, y ahí nos desarmamos.

Pataletas

El no tener más espacio para guardar el sufrimiento es la explicación para las pataletas. Una pataleta es el desborde. Imagina que cada niño tiene una taza dentro para almacenar los sufrimientos no liberados. La taza se llena con estos sufrimientos no descargados. Entonces un dolor más ocurre y el niño explota en llanto, rabia, frustración o ira. Nuestros esfuerzos para razonar, darle confort, o arreglar el problema son inútiles. No sabemos por qué el niño se comporta de esa manera y no sabemos qué hacer. El sufrimiento que sí vimos no parecía advertirnos de esta respuesta intensa. La pataleta es la liberación de una acumulación de sufrimientos que no vimos.

Las pataletas nos provocan emociones. Podemos sentirnos ansiosos, enojados o avergonzados. La descarga de sentimientos dolorosos del niño nos gatilla el dolor de nuestros propios sufrimientos no liberados. Una vez que su taza se derrama, los niños pierden el control. Como, en general, no podemos calmar al niño, ayuda enfocarse en mantenernos en calma. Los niños dependen de los adultos como su red de seguridad. Un niño perdido en la pataleta necesita que el adulto se mantenga calmado y evite que hiera a alguien o dañe algo, mientras que el sufrimiento sale completamente.

El llanto y las pataletas no son malas conductas o manipulación, sino que son conductas de sanación. Las pataletas parecen ser manipulación porque el detonador más común es la decepción y el sentimiento de pérdida que un niño experimenta cuando decimos "no". El "no" es la última gota que desata el sufrimiento. Los niños hacen un duelo de la pérdida que experimentan cuando se les niegan sus peticiones. Si este "no" es el sufrimiento que ocurre cuando no hay más lugar en su taza, la taza se rebalsa. Cuando le decimos que no a un niño, podemos esperar un pequeño llanto para superar la pérdida y la decepción o podemos esperar una pataleta.

Las pataletas tienen un lado positivo. Liberar el dolor del sufrimiento emocional despeja el camino para la conexión. Cualquier padre que ha estado con un niño después de un estallido de pataleta probablemente ha experimentado "el arcoíris después de la tormenta". Una vez que el niño descarga el dolor, regresa la naturaleza agradable del niño. El niño en general es calmado, alegre, afectuoso y cooperador.

Búsqueda de un Límite

¿Has escuchado alguna vez la expresión "andas buscando pelea"? ¿Alguna vez has tenido días en que sientes que los niños están llevándote al límite y están muy demandantes? Cuando la taza de los sufrimientos del niño está llena, el niño puede que presione para el "no" que será el dolor final que derrame la taza. El niño no está buscando los problemas, está buscando el límite. Le haces un favor al niño y a ti al poner un límite. Confía y ten presente que el niño descargará los sufrimientos guardados y se sentirá mejor cuando la taza se haya vaciado.

Una Razón para Llorar

Es un desafío pasar de interrumpir la descarga de sentimientos a apoyar esa descarga. También es una oportunidad para conectarse con más fuerza con tu hijo. Mientras más sabemos sobre apoyar el proceso de sanación emocional, mejor escuchamos en vez de interferir. Es más fácil aceptar la liberación de los sentimientos del niño cuando entendemos por qué se siente herido. Es más difícil escuchar cuando no sabemos por qué el niño se siente lastimado o si juzgamos el sufrimiento y pensamos que no hay razón para llorar. No existe eso de "no hay razón para llorar".

Puntos que resumen las razones del llanto de los niños:

- Si alguien llora, hay un sufrimiento.

- Debido a que nadie sabe qué se siente estar dentro del cuerpo de otra persona, no podemos enjuiciar que la otra persona no tiene por qué llorar.

- Podemos no saber lo que está causando los sentimientos dolorosos, pero sabemos cómo escuchar.

- Importa que escuchemos, no que entendamos.

- Cuando los niños se sienten lastimados, necesitan expresarlo y descargar sus sentimientos para sanar el sufrimiento.

No Tomes la Liberación de Emociones Como Algo Personal

Cuando los niños (y los adultos) se sienten heridos, a veces descargan el sufrimiento hablando o comportándose de maneras hirientes. Su descarga puede ser un ataque verbal al que escucha. No es fácil escuchar cuando nos sentimos atacados. Escuchamos mejor cuando recordamos que los sentimientos no son datos precisos y cuando recordamos no tomar la descarga de ellos de manera personal. Cuando un niño dice: "¡Te odio!", está usando la palabra más poderosa que conoce para expresar la intensidad de sus sentimientos. El niño no te odia, odia el dolor que está sintiendo.

Salidas Aceptables para Descargar Sentimientos

Los sentimientos no son buenos o malos. Aceptamos todos los sentimientos; no aceptamos todas las conductas. Hay maneras aceptables e inaceptables de expresar los sentimientos. Le permitimos a Billy expresar sus sentimientos de enojo. No le permitimos expresarlo pegándole a Tommy con un camión. Cuando Billy está enojado, la adrenalina inunda su cuerpo. Golpea, patea, empuja, escupe, muerde o lanza cosas, porque no sabe qué hacer con esa ola de energía.

Los niños necesitan que los adultos les provean salidas aceptables para su adrenalina, no que los supriman. Apoyamos a los niños en la sanación de sus dolores emocionales cuando los ayudamos a redirigir su energía de la rabia. El momento para introducir salidas aceptables para su enojo es antes de que el enojo haga erupción. Proveer arcilla para modelar, papel de diario para romper o una almohada para golpear, les da a los niños maneras aceptables para expresar su enojo.

También los niños necesitan ver que los adultos les modelen salidas aceptables para expresar la rabia. Si un adulto la expresa rompiendo un diario, entonces imitarán esa conducta. Si un adulto expresa su enojo diciendo groserías y dando un portazo, el niño también lo hará.

En tu Cuaderno de Crianza:

Escribe lo que recuerdas sobre cómo tus padres expresaban la rabia. Describe cómo tú la expresas. ¿Alguna vez la expresaste de la misma manera que lo hacían tus padres?

Un Niño Lleno de Heridas

A veces los niños descargan sus sufrimientos o rabias a través de herir a otro niño. Los niños solo lastiman a otros cuando ellos mismos están heridos. *Un niño que hiere es un niño "lleno de heridas"*. Cuando castigamos a un niño por ser hiriente, lo herimos de nuevo. El castigo no quita su sufrimiento ni le enseña al niño a no herir a otros. Tratar de cambiar la conducta de un niño de lastimar a otros a través del castigo es como sacar solo la parte de encima de la maleza. Si no llegamos a la raíz, la conducta hiriente va a resurgir en otra parte. Mientras que el niño siga sintiéndose lastimado, la conducta volverá a aparecer.

Tiempo-Fuera

Muchos niños son enviados a un tiempo-fuera cuando lastiman a otro niño. El tiempo-fuera es un castigo. Enviarlo a un tiempo-fuera por herir a otro niño es pausar un video. La conducta de lastimar a otro niño solo se detiene durante la pausa. Cuando al niño se le permite jugar otra vez, la conducta de lastimar continúa, porque el sufrimiento no se ha liberado. Forzar a un niño a tomar un tiempo-fuera no funciona, peor aún, causa desconexión. El tiempo-fuera forzado es coerción. Los niños no permanecen en tiempo-fuera porque quieren. Se quedan, si es que lo hacen, por miedo.

Consejos Parentales Contradictorios

Muchos expertos en crianza recomiendan a los padres el uso de tiempo-fuera para disciplinar. El tiempo-fuera no es disciplina, es castigo. Aunque el tiempo-fuera es menos dañino que el castigo corporal, sigue siendo castigo. Es emocionalmente dañino y causa desconexión. El consejo que disminuye la conexión debilita el vínculo padre-hijo y es contraproducente para la crianza efectiva.

Tiempo-Dentro

Cuando aprendí cómo nos podemos sanar de los sufrimientos emocionales y que el tiempo-fuera les enseña a los niños a tapar sus sentimientos, sabía que tenía que encontrar otra respuesta para los niños. Cambié el tiempo-fuera por el tiempo-dentro. Un niño lleno de sufrimientos necesita seguridad. El tiempo-dentro crea seguridad a través de conexión.

Practicar Tiempo-Dentro

Después de atender al niño que fue lastimado, conéctate con el niño lleno de sufrimiento, pidiéndole que se siente contigo. Crea seguridad diciendo: "¿Me cuentas lo que te lastima a ti que te hizo hacerle daño a tu amigo? Sé que no lastimarías a tu amigo, a menos que algo te esté haciendo sentir herido". Ver lo mejor en el niño crea conexión y seguridad. El niño puede que no pueda contarte acerca de su sufrimiento en palabras. La seguridad de la conexión le permite al niño descargarlo. El niño lo libera llorando o a través de su enojo. Una vez que el niño descarga los sentimientos dolorosos y sana su herida, la conducta que hace daño cesa.

El Tiempo-Fuera Es para los Adultos

Hay un lugar para el tiempo-fuera. Debe ser tomado, no dado. Si la descarga de sentimientos del niño detona un dolor contenido del adulto y él se enoja, el adulto es el que toma un tiempo-fuera. Cuando los adultos toman un tiempo-fuera para calmarse, los niños aprenden a hacer lo mismo.

Facilitar la Sanación Emocional Creando Seguridad Intencionalmente

Aunque nosotros les demos a nuestros hijos el mensaje de que está bien liberar sus sentimientos, ellos igualmente van a recibir tantos mensajes del resto del mundo de que *no* está bien, que van a continuar guardando dolores emocionales en vez de descargarlos. Disminuimos proactivamente las pataletas cuando creamos intencionalmente seguridad en el momento en que el dolor ocurre.

Las heridas guardadas no solo preparan el camino a las pataletas, también bloquean el canal para la conexión. La creación intencional de seguridad le permite al niño descargar los sentimientos dolorosos en el momento y se reducen así el control y el almacenamiento de dolores.

El tiempo-dentro es un ejemplo de creación intencional de seguridad. Apoyamos el proceso natural de sanación cuando nos abstenemos de interrumpir la descarga emocional. Facilitamos el proceso cuando intencionalmente creamos seguridad al conectarnos. Nos conectamos reconociendo, validando, aceptando y escuchando los sentimientos.

Practicar la Facilitación de la Sanación Creando Seguridad Intencionalmente

Reconoce los sentimientos: "Te sientes muy triste".

Valida los sentimientos: "Es realmente difícil despedirse, ¿cierto?".

Acepta los sentimientos: "Está bien llorar".

Escucha los sentimientos: "Te sostendré y estaré contigo mientras lloras".

Una herida emocional es como una astilla. Facilitar la sanación emocional es como sacar la astilla. Cuando tenemos una astilla, el dedo duele hasta que la astilla sale. Sacarla no es agradable, pero no la dejamos ahí porque sea desagradable sacarla. Facilitar la sanación emocional no es un trabajo placentero tampoco, pero lo hacemos porque la sanación no ocurre hasta que la astilla emocional no ha salido. *Si el dolor no sale, el amor no puede entrar.*

Limpiar la Casa

Puede que te encuentres con una acumulación de cosas pendientes. Un niño puede que llore por una mascota que murió hace tres años atrás. Los dolores acumulados en el fondo de la taza salen a la superficie cuando permitimos la liberación de los sentimientos. Se siente como si hubieras creado un monstruo del llanto hasta que los dolores antiguos van saliendo. A medida que la taza se vacía, el grado de descarga emocional disminuye y no tenemos que escuchar a los sentimientos tan frecuentemente.

Cuando No Podemos Escuchar

No siempre vamos a poder escuchar. A veces alcanzamos nuestro límite para escuchar. Cuando la descarga emocional de sentimientos dolorosos de un niño activa nuestros dolores no sanados, ya no podemos escuchar más, porque nuestra atención se mueve a nuestro dolor guardado. Usamos nuestro control para no liberar nuestros sentimientos dolorosos en el niño. Ahora es el momento para tomarse un tiempo-fuera y darle al niño una distracción.

La distracción no le da al niño un mensaje negativo sobre liberar sus sentimientos. Podemos decir: "Necesito salirme un momento de escuchar. ¿Necesitas seguir llorando o puedes tomarte un momento y beber un poco de agua o mirar algunos libros?". Distraer al niño de completar su descarga solo la pospone. El sufrimiento vuelve a guardarse y saldrá en otro momento cuando sea gatillado por otro malestar.

La distracción no siempre interrumpe la descarga. Si el niño no puede parar, continuará él mismo. Por mientras, respira profundamente y distráete tú misma(o). Un niño muy pequeño generalmente te seguirá si tratas de irte de la habitación para tu tiempo-fuera. Puedes sentarte y desconectar tu atención hasta que tu molestia ceda o la del niño.

Puede que no siempre puedas escuchar todo lo que el niño necesita. Escuchamos tan seguido y tan prolongadamente como podemos. Cuando escuchamos, apoyamos la salud emocional de los niños y sanamos y despejamos el canal para la conexión.

¿Qué hacemos con nuestro estrés y nuestras heridas emocionales guardadas?

Aprendimos conductas de control cuando éramos niños. Como adultos, ya no tenemos una taza para contener nuestros dolores acumulados. Tenemos un mar de lágrimas contenidas y sufrimientos no sanados. Para no sentir esos sentimientos dolorosos, podemos adormecer ese dolor emocional con nicotina, alcohol, drogas, y con comida, compra, televisión y trabajo excesivos.

Para ser los padres amorosos que queremos ser, necesitamos oportunidades para liberar nuestros sufrimientos antiguos y las presiones del presente. No podemos conectarnos con nuestros hijos o escuchar sus sentimientos cuando nuestra atención está en nuestro dolor y estrés. Nuestro canal de conexión se bloquea con el estrés. Los adultos pueden aliviar sus tensiones escuchándose el uno al otro por turnos. Cuando dos adultos tienen esta información, se pueden apoyar el uno al otro a través de sesiones de escucha.

Así funcionan las sesiones de escucha: Cada persona cuenta con la misma cantidad de tiempo. La pareja escucha al otro sin dar consejo, corregir o hacer preguntas. El adulto que es escuchado libera los sentimientos dolorosos de su estrés actual o de heridas antiguas. Cuando la cantidad de tiempo acordada termina, la pareja intercambia roles.

Las parejas que se escuchan crean un espacio seguro para el otro al convenir confidencialidad. Cada uno acuerda no repetir lo escuchado en la sesión sin pedir permiso. Los adultos que regularmente tienen oportunidades de liberar dolores emocionales y estrés se sienten más felices, disfrutan más a los niños y tienen una mayor habilidad para escuchar los sentimientos de sus hijos.

Conectarse a través de escuchar los sentimientos de los niños es una parte desafiante y también gratificante del cariño y cuidado de los niños. Escuchar sus sentimientos es vital para mantener un vínculo fuerte. Una vez que aprendemos a reconocer, validar, aceptar y escuchar los sentimientos de los niños, la parentalidad es diferente para siempre. Responder a los sentimientos de los niños con amor y escucha es una de las maneras más poderosas en que nos conectamos con ellos.

En tu Cuaderno de Crianza

Mira tus metas de crianza. ¿Cómo apoyará el escuchar los sentimientos de tus hijos para lo que quieres entregarles?

Mira tu lista de desafíos. ¿Cómo crees que las sesiones de escucha con otro adulto te apoyará para evitar traspasar los sufrimientos?

El proceso de "Conectarse a través de escuchar los sentimientos de los niños" proviene del trabajo de Patty Wipfler, fundadora de *The Parents Leadership Institute* en Palo Alto, California, y de los dieciséis años de experiencia haciendo mi taller *"Sanar al Niño que Siente[4]"*.

Este capítulo sobre despejar el camino para la conexión a través de escuchar los sentimientos de los niños solo es el principio de lo que puedes aprender sobre el proceso de escuchar a niños y adultos, y su valor.

Libros Recomendados

El Niño Tozudo, de Mary Sheedy Kurcinka

El Niño Explosivo, de Ross Greene

Mi Bebé lo Entiende Todo, Llantos y Rabietas, y *How Young Children Flourish*, de Aletha Solter. www.awareparenting.com

Playful Parenting, de Lawrence J. Cohen, Ph.D. www.playfulparenting.com

Los talleres del Parent Leadership Institute de Patty Wipfler, folletos, videos y la página web son valiosos recursos para adultos que quieren adquirir más habilidades para escuchar a los niños y otros adultos. www.parentleaders.org

4

Conectarse a través de Llenar la Taza de Amor

"Cómo tratamos a un niño será como él va a tratar al mundo"

Los seres humanos tenemos una necesidad nutricional de vitamina C y no podemos sobrevivir cuando no se cubre esta necesidad. Por ejemplo, los marineros morían de escorbuto en los largos viajes en el mar porque no sabían sobre un elemento vital que faltaba en su dieta. En 1747, James Lind, doctor de un barco, descubrió que algo que contenían las frutas cítricas curaba la enfermedad. Cerca de cincuenta años después, en 1795, la Marina Real Española empezó a suplementar la dieta de los marineros con una ración diaria de jugo de limón o lima y dejaron de morir de escorbuto.

Los seres humanos también tienen una necesidad biológica y emocional de conexión humana. Cuando esa necesidad no es satisfecha, sobrevivimos, pero no progresamos. Los seres humanos tenemos una habilidad increíble para adaptarnos a la mayoría de las condiciones de vida, lo que nos permite sobrevivir. Sin embargo, no prosperamos si tenemos que adaptarnos a condiciones de vida que no cubren nuestras necesidades emocionales y biológicas.

Los niños de hoy tienen que adaptarse a condiciones de vida que no satisfacen sus necesidades biológicas y emocionales. Está faltando un elemento vital en sus condiciones de vida. Así como los marineros no eran conscientes que les estaba faltando un elemento esencial para su salud, como cultura ignoramos que está faltando para muchos niños en el estilo de vida de hoy un elemento esencial que es clave para el bienestar.

El elemento que faltaba en las condiciones de vida de los marineros eran alimentos que contuvieran vitamina C. El elemento que falta en las condiciones de vida de nuestros hijos es también con "C": conexión. Al igual que tenemos un requerimiento mínimo de vitamina C para sobrevivir, también tenemos un requerimiento mínimo diario de conexión humana para progresar.

Hay y ha habido por décadas, un gran número de investigaciones bien documentadas que confirman que una fuerte conexión padre-hijo o madre-hijo es esencial para el desarrollo óptimo del cerebro. La conexión y la falta de conexión adecuada afecta el bienestar físico, psicológico y emocional de los niños.

La necesidad de una sólida conexión entre la madre (o el padre) y su hijo solía ser cubierta naturalmente por la manera en que nacían los niños y los cuidábamos, y por nuestro estilo de vida. En el tiempo, hemos comprometido drásticamente la fortaleza de la conexión padres-hijo, debido a los cambios que han tenido los nacimientos, cómo cuidamos a los niños de hoy, combinado con nuestro frenético estilo de vida actual.

Los padres de hoy tienen vidas más ocupadas, menos apoyo de la familia extendida y menos tiempo con sus hijos que nunca. Entre el trabajo, el jardín preescolar, la escuela, las lecciones y las actividades, muchos padres e hijos están juntos por solo unas pocas horas al día. Incluso cuando estamos con nuestros hijos, estamos preocupados por la mantención diaria de la vida, el teléfono, la televisión, el computador y el estrés de tratar de hacer más que lo que tenemos tiempo para hacer. Solo mantener techo, comida en la mesa y abrigo (como nuestros padres solían decir) demanda tanto de los padres que hay muy poco tiempo o energía que quede para la conexión amorosa. La fortaleza del vínculo padres-hijo no ha sido comprometida por falta de amor, ha sido comprometida por nuestro estilo de vida. Aunque la Crianza con Conexión no te va a dar más tiempo, te apoyará en pasar el tiempo que tienes con tus hijos, de maneras de cubrir su necesidad emocional de conexión.

Los niños necesitan al menos una persona en sus vidas que considere que el mundo gira en torno a ellos, alguien que esté dichoso con su existencia y que los ame incondicionalmente. En nuestro estilo de vida, tener tiempo y atención para disfrutar a nuestros hijos es tan difícil como tratar de detenernos a oler rosas durante una maratón. Sin embargo, si supiéramos que oler el agradable aroma de las rosas nos impulsaría a ganar la carrera, moderaríamos el ritmo para incluir tiempo para oler la rosa. Una vez que nos damos cuenta de las necesidades emocionales y biológicas de nuestros hijos podemos aprender a cuidarlos de forma que sean satisfechas.

Dos de las más importantes necesidades emocionales de los niños son la auto valoración y la autoestima saludables. La auto valoración es la creencia sobre su valor personal, cómo creen que merecen ser tratados. Su autoestima es su creencia acerca de qué tan capaces, competentes y valiosos son. Los niños no nacen con ninguna creencia acerca de sí mismos. Aprenden qué creer sobre ellos mismos de acuerdo con cómo los tratamos.

Los niños siempre creen que se merecen cómo los tratamos.

Si tratamos a los niños de manera amorosa, ellos creen que son queribles. Si los tratamos mal, creen que son malos. Los niños que no son tratados como si tuvieran valor creen que hay algo malo con ellos. Ellos creen "soy yo" más que haya algo malo en la manera en que son tratados. Cómo los tratamos determina si tienen una auto valoración y una autoestima saludables.

Solo dos legados duraderos podemos dejar a nuestros hijos: uno, raíces y el otro, alas.
-Hodding Carter.

Dar a los niños "raíces y alas"

El regalo de las raíces es la auto valoración saludable, que es la creencia central de que las necesidades básicas de uno mismo importan y que uno merece ser tratado con amor y respeto. Le damos a los niños el regalo de las raíces y un fuerte vínculo al pasar suficiente tiempo conectándonos con ellos para darles el mensaje de que se merecen amor. Cuando los tratamos amorosamente aprenden a quererse a sí mismos y a los demás.

El regalo de las alas es la autoestima sana, es decir, la creencia central de que uno es capaz, competente y valorado por los otros. Le damos a los niños el regalo de las alas al dejarlos hacer lo que hacemos nosotros y les proveemos oportunidades para hacerse capaces y sentirse valorados. Cuando los valoramos, aprenden a valorarse a sí mismos y a los demás.

Las Raíces de la Auto Valoración Saludable:

Llenar la Taza de Amor

Al igual que los niños tienen una taza en la que almacenan sus dolores no liberados, tienen un tanque de combustible emocional o una taza de amor. La taza de amor de los niños contiene su combustible emocional. Éste combustible es la atención, la conexión y el cuidado que reciben de las personas que aman.

Cubrir las necesidades emocionales de conexión llenando su taza de amor es tan importante como lo es cubrir su necesidad física de alimentación. Pasar tiempo llenando la taza de amor es una crianza proactiva. Al igual que los niños se ponen de mal humor cuando tienen hambre, se ponen de mal humor cuando su taza de amor está baja en combustible emocional. La mayor parte de las conductas difíciles pueden ser liberación de dolor emocional (el rebalse de la taza de sufrimientos) o una comunicación que señala falta de conexión (una taza de amor vacía).

Llenar la Taza de Amor con Tiempo de "Alta" Calidad

En la cultura de hoy hablamos de pasar tiempo de calidad con los niños. Sabemos que necesitan atención, pero atención no es lo mismo que conexión. Puede que les pongamos atención, pero que no estemos conectados emocionalmente. Ellos necesitan tiempo de *alta* calidad para satisfacer su mínimo requerimiento diario de conexión. Proveemos tiempo de alta calidad al involucrarnos con los niños.

Los adultos consideran que llevar a los niños al parque de juegos es tiempo de calidad con ellos. Para los niños, la *calidad* está determinada por "cómo" pasamos el tiempo con ellos. Llevar a los niños al parque y mirarlos jugar es tiempo de calidad porque les estamos dando atención al verlos y reconocer sus logros desafiando la gravedad en la barra trepadora. Jugar a pillarse en el parque es tiempo de *alta* calidad porque nos conectamos al involucramos en la actividad *con* ellos. Les damos atención a los niños al mirarlos y reconocerlos. Proveemos conexión al involucrarnos con ellos. La atención se siente bien, pero la conexión se siente mejor. *Los niños que buscan atención están pidiendo conexión.*

La habilidad más importante que pueden adquirir
los padres es jugar.
– Lawrence J. Cohen. Autor de **Playful Parenting**

Llenar la Taza de Amor con Juego

Jugar activamente con los niños es la manera más poderosa en que nos conectamos y llenamos la taza de amor. El tipo de juego que los niños más desean es el tipo de juego que la mayoría de los padres menos realizan. Es el juego físico activo de perseguirse y capturarse, las escondidas, pasear en los hombros, llevarlos a caballo y la lucha libre que los hace reír y pedir más y más. Este tipo de juego conecta emocionalmente a adultos y niños, y fortalece el vínculo.

Casi todos los padres juegan activamente con los bebés. Jugamos a las palmaditas, a descubrir dónde está y los hacemos rebotar en nuestras rodillas. Sacrificamos toda dignidad haciendo cosas ridículas para hacer reír a los bebés. Sin embargo, una vez que crecen y pueden jugar por sí mismos o con otros niños, generalmente pasamos mucho menos tiempo jugando activamente con nuestros hijos.

Hay algunos adultos (a menudo papás, aunque no siempre) que parecen sobresalir naturalmente en este tipo de juego. Sin embargo, pocos niños tienen todo lo que necesitan de este tipo de juego. Ya sea que no tenemos la energía, estamos muy distraídos, muy ocupados o que nunca aprendimos cómo porque nadie jugó activamente con nosotros, generalmente no somos tan juguetones como nuestros niños nos ruegan que seamos.

Podemos aprender cómo ser más juguetones y comunicar nuestro amor por nuestros niños de maneras que fortalezcan la conexión, incluso si jugar no nos sale natural. Lawrence J. Cohen, autor de uno de mis libros favoritos de parentalidad, **Playful Parenting**, dice: "A diferencia de muchos cambios de personalidad que nos gustaría hacer, se pueden aprender fácilmente mejores habilidades para jugar".

Puedo confirmar que lo que dice es verdad. Yo nunca he sido uno de aquellos adultos que sobresalen en el juego físico. No tuve mucho de ese tipo de juego cuando era niña, así que no iniciaba ese tipo de juego con mis hijos o mis nietos. Desde que leí el libro de Cohen, para el deleite de mis nietos y sus amigos, estoy mejorando en el juego, la lucha libre y haciendo tonterías divertidas.

Para los padres como yo, a quienes no nos surge naturalmente el juego físicamente activo, funciona aprender a jugar. El aspecto emocionante del trabajo de aprender a jugar es que el resultado no tiene precio. Las sonrisas, la risa, el afecto y la conexión que surge de un rato de juego alegre pueden cambiar todo nuestro día, incluso toda la relación con un niño.

Al conocer en persona el valor de este tipo de juego y al escuchar los reportes emocionados de las experiencias de los padres al ser más juguetones, ahora veo al juego como una de las maneras más importantes para conectarnos con nuestros hijos. Jugar es el lenguaje de los niños. Tal como Cohen señala, los niños ya saben cómo usar el juego para conectarse, sanar sus dolores y desarrollar confianza en sí mismos. El juego físico activo no solo llena la necesidad de atención del niño, llena la necesidad de contacto y conexión profunda.

Los niños pierden la confianza en sí mismos cuando se sienten ineficaces. Se desconectan ya sea aislándose o tratando de controlar las cosas. Los ayudamos a recuperar la confianza en ellos mismos cuando jugamos a revertir los roles y los ponemos en el rol de poder. Nada nos da una imagen más certera de como los niños nos ven que el juego de "hacer que el niño es el padre y el padre es el niño". Los niños gozan haciendo que nos lavemos los dientes y prohibiéndonos saltar en la cama. Mientras más les rogamos por lo que queremos, más se ríen.

Reír juntos es una manera potente de conectarse el uno con el otro. Los niños disfrutan haciendo cosas ridículas y a menudo lo usan para tratar de conectarse cuando necesitan una recarga. En vez de obstaculizarlo, podemos iniciar algo ridículo o al menos unirnos a ellos. Generalmente es posible cambiar el rumbo de la lucha de poder haciendo algo divertido, ellos también se pueden conectar y obtener la recarga que estaban pidiendo a través de la conducta de lucha de poder.

Aunque el tiempo de *calidad* que pasamos con los niños no puede reemplazar la *cantidad* de tiempo que nos necesitan, aumentamos la calidad de la conexión cuando nos involucramos activamente con ellos. La taza de amor se llena con todo lo que ocurre al jugar, contacto visual y físico, risas y conexión, todo lo cual hace que el juego sea el combustible emocional de "elevada calidad".

Llenar la Taza de Amor con Tiempo de Conexión Uno a Uno

Pasamos tiempo de alta calidad con los niños cuando jugamos juntos en una salida familiar. El tiempo de conexión uno a uno es diferente al tiempo de alta calidad. El tiempo de conexión es el que se pasa conectándose uno a uno y que es esencial para mantener la conexión en cualquier relación cercana. Así como las parejas necesitan tiempo solos para mantener su conexión, los niños necesitan tiempo uno a uno con la gente que quieren.

Una cita semanal de conexión uno a uno da tiempo de conexión para construir un vínculo fuerte. Una madre contó que convirtió las compras semanales del mercado en tiempo uno a uno rotando a quien le tocaba acompañarla y paraban para un regalo especial de vuelta a casa. Un papá contó que pasaba tiempo uno a uno con sus hijos haciendo turnos para llevarlos a una cita, la que él llamaba "salida para tomarse un café".

Cómo pasamos el tiempo de conexión uno a uno con cada niño depende de la edad del niño y sus intereses. Mientras más tiempo pasamos con ellos, más los conocemos. Mientras más conocemos un niño, mejor es el tiempo que pasamos en conexión de una forma que llene su taza. El tiempo uno a uno puede tomar muchas formas diferentes, lo importante es que sea un momento divertido para pasar juntos y que llene la taza de amor del niño con sentimientos de ser notado, aceptado y querido.

Muchos niños se refieren a estos momentos como "momento especial". Aunque sea especial porque los hace sentir especiales, no es un privilegio extra que se da como una recompensa por *buena conducta* o que se quita por *conductas inaceptables*. Los niños necesitan tiempo de conexión tanto como necesitan comer o dormir.

Hacer el compromiso de pasar tiempo de conexión uno a uno es una inversión en tu relación con tu hijo.

Principios de la Crianza con Conexión:

#1 Atendemos mejor las necesidades emocionales de los niños cuando escuchamos lo suficiente como para mantener vacía su taza de sufrimientos y nos conectamos lo suficiente para mantener llena su taza de amor.

#2 Los niños que se sienten conectados son más felices, sanos, amorosos y cooperadores.

#3 La conducta no cooperadora a menudo es una comunicación de una necesidad de conexión no cubierta.

#4 El nivel de cooperación que los padres obtienen de sus hijos, en general es equivalente al nivel de conexión que los niños sienten con sus padres.

#5 Pasar tiempo uno a uno con nuestros hijos no es tiempo "extra".

#6 Toma la misma cantidad de tiempo y atención cubrir las necesidades emocionales de los niños que lidiar con las conductas causadas por sus necesidades emocionales no satisfechas.

#7 Pasamos tiempo cubriendo las necesidades emocionales de los niños llenando su taza de amor o pasaremos tiempo lidiando después con las conductas causadas por sus necesidades no satisfechas. De cualquier manera, pasamos tiempo con ellos.

Tiempo Especial

A los niños les encanta cuando les damos a su tiempo "especial" un nombre especial. El nombre de tu hijo es especial. Mi nieta y yo le llamamos a nuestro momento uno a uno "tiempo de Maggie". Darle al tiempo de conexión un nombre les da a los niños una nueva manera de pedir conexión. En vez de comunicar su necesidad de conexión a través de su conducta, pueden "usar sus palabras".

Llenar la Taza de Amor Todos los Días

La mayoría de los adultos tienen amigos cercanos y familiares con los que tienen un vínculo. No importa hace cuánto tiempo no se han visto, siempre pueden continuar donde se quedaron la última vez que estuvieron juntos. Estos vínculos se han formado en muchos años de compartir experiencias de cercanía.

A diferencia de los vínculos adultos, los vínculos de los niños están es formación. No es suficiente para ellos saber que los queremos, necesitan sentirse conectados. Si un niño pequeño no ve a la abuela por seis meses, no importa lo cercanos y conectados que estuvieron la última visita, generalmente toma algún tiempo reconectarse y reestablecer la confianza y la cercanía. Los niños necesitan dosis diarias de cercanía y conexión para construir y mantener un vínculo seguro.

Los niños son como baterías recargables y las personas con quienes tienen un vínculo son sus cargadores. Mientras más chicos son, más necesitan conectarse con sus padres. Si observamos a los niños pequeños, vemos que juegan, exploran y frecuentemente vuelven a chequear y conectarse con sus padres para una rápida recarga. A medida que crecen pueden alejarse por más tiempo antes de necesitar una recarga de conexión, aunque no demasiado largo.

Los niños usan su combustible emocional durante el día. Mientras más estrés experimenten, más combustible emocional usan. Al igual que todos los días que les damos alimentos nutritivos, también recargamos su taza de amor con combustible emocional. Nunca le diríamos a un niño: "No tenemos tiempo para comer hoy, pero el sábado comeremos todo el día". El tiempo juntos de conexión uno a uno semanal construye el vínculo; los momentos diarios uno a uno, mantienen la conexión.

Hacer Tiempo para la Conexión Uno a Uno

En alguna parte leí que las personas necesitan quince minutos al día de conexión humana uno a uno para sentirse seguras. Por supuesto esto no significa que los niños necesitan pasar "solo" quince minutos al día con sus padres. Significa que, para sentirse seguros, necesitan que al menos quince minutos al día del tiempo que pasan con sus padres sean de conexión uno a uno.

Aunque quince minutos al día sería lo ideal, incluso pasar diez minutos de tiempo uno a uno con tu hijo provee la consistente conexión que necesitan los niños para mantener un vínculo fuerte padre-hijo.

En nuestro caótico estilo de vida actual necesitamos agendar el tiempo de conexión uno a uno con las personas con que vivimos y las que queremos más, si vamos a satisfacer el requerimiento biológico mínimo diario de nuestros niños para construir y mantener un vínculo fuerte. En días ocupados es un desafío lograr incluso diez minutos al día para cada niño. Para los padres que tienen tres niños es un total de 30 minutos diarios. Proveer tiempo de conexión uno a uno con cada niño requiere planificación, comunicación y flexibilidad.

Planificación:

Aunque el tiempo uno a uno no tome tiempo extra, sí toma esfuerzo extra. Con todos en la familia yendo en diferentes direcciones, es poco probable que haya tiempo de conexión uno a uno semanal y diariamente sin planear cómo y cuándo vamos a pasar tiempo juntos.

Como cada situación familiar es única, no hay una sola manera de hacer que esto pase. Algunos padres lo distribuyen a la hora de acostarse y pasan un momento uno a uno con cada niño al anochecer. Algunos padres pasan tiempo con el hijo mayor mientras el más pequeño está tomando una siesta o pasan tiempo con el hijo menor mientras el más grande está en el colegio. Las parejas a menudo se turnan, de manera que cada niño tenga tiempo uno a uno con cada padre. Mientras más niños tengas más planificación requiere asegurarse de cada niño obtenga tiempo de conexión uno a uno.

Comunicación:

Las familias con más de un hijo y las familias monoparentales necesitarán hacer una lista de apoyo de otros para tener oportunidades de tiempo uno a uno con cada niño. La comunicación es vital para planear cuándo y cómo organizaremos el apoyo para crear ese tiempo. Ayuda mirar el mes por adelantado, la semana y a veces el mismo día para encontrar momentos que funcionen para todos.

Flexibilidad:

Planificar sería simple si pudiéramos planear conexión uno a uno con cada hijo a una cierta hora del día. Sin embargo, incluso si planeamos cierta hora cada día, eventos inesperados cambian nuestros planes. Aunque es importante hacer planes, también tenemos que ser flexibles sobre ellos. Podemos planear pasar tiempo especial al final del día y luego nos encontramos con que el niño necesita tiempo de conexión en la mañana. Si no podemos cumplir el tiempo planeado, no te rindas ese día como si fuera una cita perdida, se reagenda.

Sé flexible y trata de encontrar otra ventana de tiempo en alguna otra parte del día. Crea un momento uno a uno de diversión camino a hacer un trámite o a una cita, o a la vuelta. Debemos planear tiempo juntos, *y* debemos hacernos maestros de medir el día, la hora y el momento.

> *Los rituales son momentos que se toman solo con el propósito de conectarse.*
> -Becky Bailey Ph.D.

Llenar la Taza de Amor con Rituales

Otra manera en que proveemos conexión son los rituales. En su libro **Rituales Amorosos** Becky Bailey enseña a los padres a proveer diariamente dosis de cercanía a través de crear rituales de conexión. Podemos proporcionar rituales para la hora de acostarse, para el despertar, las horas de comer, para saludarse, despedirse, bañarse, los cambios de estación, los cumpleaños y las festividades.

Probablemente ya haces rituales de conexión que nunca los has llamado rituales. Cantar juntos en el automóvil, bailar alrededor de la mesa del comedor después de la cena y hacer panqueques juntos los domingos son rituales cuando los hacemos regularmente. Mientras más rituales creamos, más oportunidades creamos para la conexión.

Tomarse unos pocos momentos para ver al niño, acariciarlo amorosamente o ser gracioso en vez de serio, crean momentos de cercanía que llenan la taza con conexión. Cuando decimos buenas noches podemos preguntarles a nuestros hijos: "¿Qué te hizo sentir querido hoy?". Si estamos pasando momentos uno a uno de conexión diariamente, nos podrán decir al menos una cosa.

Llenar la taza de amor les da el regalo de la auto valoración saludable, lo que realmente es amor propio. El amor propio es vital para convertirse en un ser humano amoroso. A muchos de nosotros cuando niños nos enseñaron que creer mucho de nosotros mismos era ser presumido. No nos enseñaron a querernos a nosotros mismos. ¡Y después crecimos y nos dijeron que no podemos amar a otros hasta que nos queramos a nosotros mismos! Les enseñamos a los niños a quererse a ellos mismos a través de quererlos. Los queremos viéndolos, aceptándolos y apreciándolos, y a través de conectarnos con ellos.

Las Alas de la Autoestima Saludable

Llenar la taza de amor de los niños con conexión satisface sus necesidades emocionales para una auto valoración sano. Para atender la necesidad emocional de autoestima saludable llenamos su taza de amor con confianza en ellos. Los padres hacen mucho por sus hijos para demostrarles que los quieren. Sin embargo, saber que son queridos no es suficiente. Los niños necesitan sentirse valorados. Los niños ganan competencia y confianza por lo que hacemos "con" ellos más que por lo que hacemos "por" ellos. Cuando los niños trabajan con nosotros aprenden cómo hacerlo por ellos mismos y por otros. Cuando pueden hacerlo por ellos mismos y hacer una contribución a los otros, se sienten competentes y valorados.

Hace tiempo atrás las contribuciones de los niños ayudaban a la sobrevivencia de la familia. Sus contribuciones eran valoradas y los niños eran considerados recursos activos. Esto ya no es así en nuestra sociedad. El trabajo que la mayoría de los padres hace hoy no requiere de la ayuda de sus hijos. En la sociedad actual los niños son considerados pasivos, porque hacen que salir a trabajar fuera de la casa sea más difícil para los padres.

Los niños quieren, necesitan y pueden hacer un trabajo significativo. Aunque generalmente no pueden ayudar a sus padres con el trabajo fuera de la casa, es vital para su autoestima que se les permita y se los anime a participar en el trabajo que hacemos en casa. Cuando les damos oportunidades para hacerse capaces y valiosos los reinstalamos como activos de la familia.

Los niños aprenden haciendo. Aprender a hacer cosas nuevas toma tiempo y práctica. Darles oportunidades para llegar a sentirse capaces, competentes y seguros de sí mismos requiere estar disponibles para renunciar a la perfección. Es más rápido y fácil hacerlo nosotros porque hemos tenido mucha práctica. Dejar que los niños pequeños ayuden implica tiempo y paciencia, pero mientras más los dejamos ayudar, más pronto se harán capaces de hacer una contribución real.

Los niños tienen una "Trampa 22"[5] similar a la de los adultos. No podemos tener un trabajo si no tenemos experiencia, pero no podemos tener experiencia a menos que podamos tener un trabajo. Los adultos no dejamos a los niños hacer cosas porque no saben cómo, y no van a saber cómo a menos que los dejemos hacer cosas.

Los padres les asignan tareas para enseñarles responsabilidad. Los niños se resisten hacer sus tareas de la casa cuando son trabajos que se les manda a hacer. Ellos quieren ayudar, pero también quieren estar con nosotros y hacer lo que nosotros hacemos. Obtenemos una respuesta diferente para hacer tareas domésticas cuando les decimos "vamos a hacer este trabajo juntos".

A los niños les encanta ayudarnos a hacer la cena, lavar el carro, plantar el jardín y rastrillar las hojas. Las tareas que los adultos vemos como trabajo, los niños lo ven como juego. Los adultos son orientados al producto. Queremos tener el trabajo listo y obtener un resultado.

Los niños pequeños se orientan al proceso y para ellos el proceso es todo. Se maravillan al romper un huevo y batir la mantequilla y puede que ni les interese el panecillo una vez que esté horneado.

Podemos transformar una tarea en tiempo de conexión incluyendo al niño en el proceso. Cuando los niños necesitan conexión y nosotros necesitamos hacer la cena, cubrimos las necesidades de todos dejándolos ayudar a prepararla. Dejar ayudar a los niños es un ganar-ganar. Tenemos la cena hecha y proveemos tiempo de conexión todo a la vez. Los niños obtienen la conexión que necesitan y una oportunidad para construir seguridad en sí mismos al hacerse competentes. ¡Trabajar juntos construye auto valoración y autoestima saludables!

Permitirles a los niños trabajar con nosotros es una de las maneras en que les llenamos su taza de amor con seguridad en sí mismos y construimos una autoestima sana. Los niños nacen con talentos. Algunos son naturalmente artísticos, musicales, atléticos o mecánicos. Algunos aman los animales, los libros, los insectos o el ballet. Los niños se sienten valorados cuando respondemos a sus intereses y talentos con entusiasmo y les damos oportunidades para seguirlos y desarrollarlos. Llenar la taza de amor con seguridad en ellos mismos les da alas para una autoestima sana.

Un niño no nace un Gandhi o un Hitler. Los niños nacen con un temperamento, necesidades, talentos y potencial. Cómo se desplieguen depende de cómo los tratamos. Naturaleza y cuidados determinan en conjunto quiénes llegan a ser.

En su libro, ***Instead of Education***, John Holt compara a los seres humanos con bonsáis. El brote del bonsái, al recortarle sus raíces, amarrar sus ramas y deprivarlo de lo que necesita en las etapas tempranas de desarrollo, se vuelve una miniatura del potencial que tenía el brote. Si al mismo brote se le da lo que necesita, crece derecho y alto. Los seres humanos también pueden llegar a ser miniaturas de su propio potencial innato cuando son deprivados de lo que necesitan en sus etapas tempranas de desarrollo.

Lo que las personas llegan a ser bajo ciertas circunstancias no nos dice mucho sobre lo que podrían haber sido bajo otras.
-John Holt

Las experiencias infantiles de Gandhi, el hombre de la paz, y las de Hitler, el hombre de la guerra, fueron opuestas tal como las personas que llegaron a ser. El pequeño Mohandas Gandhi tuvo un vínculo amoroso y fuerte con sus padres. El pequeño Adolf Hitler fue severamente abusado. Tuvieron experiencias y modelos de rol completamente diferentes. Gandhi trajo al mundo las lecciones de paz y amor que experimentó y aprendió en su familia. Hitler trajo al mundo la violencia y humillación que experimentó y aprendió en su familia. ¿Quién hubiera sido el pequeño Hitler si hubiera crecido en la familia de Gandhi?

La investigación sobre resiliencia muestra que los niños que superan una infancia de abuso y/o negligencia y se vuelven adultos que les va bien en sus vidas, tuvieron al menos una persona que se conectó con ellos. Si esos niños tuvieron el potencial para ser exitosos a pesar del abuso y las necesidades insatisfechas ¿quiénes serían si hubieran sido cuidados y queridos?

Criemos niños que no se tengan que recuperar de su infancia.

Los niños que han sido queridos y alentados tienen una auto valoración y una autoestima más sanos que aquellos que no han sido bien tratados. Qué tan bien los niños enfrentan los cambios, el estrés, la pérdida y la incertidumbre depende de:
• Qué tan seguro es el vínculo
• Lo que les enseñamos a creer sobre sí mismos
• Qué tan conectados se sienten

- Cuánta seguridad se les da para liberar y sanar sus dolores emocionales
- Su temperamento innato y sensibilidades

Nutrimos la resiliencia de nuestros niños cuando nos enfocamos en sus fortalezas, pasamos tiempo suficiente con ellos para mantenernos conectados y creamos espacios seguros para que trabajen sus miedos y sentimientos. Los niños con una auto valoración y una autoestima saludables son fuertes emocionalmente. No podemos protegerlos del estrés inevitable y de las pérdidas que son parte de la vida, pero podemos ayudarlos a construir su bote lo suficientemente fuerte para capear las tormentas de la vida.

> Hasta que podamos darles a nuestros niños un mundo mejor, tendremos que darle a nuestro mundo niños más resilientes.

Tenemos la oportunidad y la responsabilidad de nutrir y proteger el potencial humano de nuestros niños. Cuando le damos a los niños el regalo de sentirse amados y valorados pueden usar sus raíces y sus alas para entregar sus talentos al mundo.

Llenar la Taza de Amor
Cuéntale a tu compañero de escucha, o escribe en tu cuaderno de crianza, una experiencia cuando un adulto pasó tiempo uno a uno contigo. ¿Qué edad tenías? ¿Cuáles fueron las circunstancias? ¿Cómo te sentiste? Cuéntale a tu compañero de escucha o escribe en tu cuaderno algo por lo que te sentiste valorado en tu familia.

En tu Cuaderno de Crianza:
Escribe una lista de maneras de pasar tiempo uno a uno con cada uno de tus hijos.

Escribe una lista de rituales que ya haces e ideas para algunos nuevos.

Escribe una lista de tareas de la casa que puedes hacer con tus hijos.

Escribe una lista de maneras de reconocer, alentar y apoyar los intereses de tus hijos y sus talentos.

Libros Recomendados

La Autoestima de tu Hijo de Dorothy Corkhill Briggs

Playful Parenting de Lawrence J. Cohen

Rituales Amorosos de Becky Bailey

Nurture Your Child's Gift – Inspired Parenting de Caron B. Goode

5

Conexión a través de la Comunicación que Construye Relación

"Por favor háblame como alguien que amas".
-Un padre

Cada palabra que le decimos a los niños afecta su auto valoración y autoestima. Nuestras palabras los animan o desaniman. Cómo les hablamos y cómo los escuchamos determinan si a la comunicación le sigue conexión y cooperación, o desconexión y conflicto.

La motivación de los niños para cooperar proviene de sentirse conectados. Construye conexión hablar respetuosamente y escuchar con amor. Cuando los niños se sienten conectados con nosotros tenemos influencia. Hablar a los niños de manera irrespetuosa o de manera poco amorosa rompe la conexión. Cuando rompemos la conexión perdemos influencia. Sin influencia recurrimos a la coerción.

Cuando la conexión es débil o está rota y un niño no está cooperando, nos sentimos frustrados o enojados. A los niños les decimos las mismas cosas que escuchamos cuando nosotros éramos niños. Aunque la intención no sea criticar, culpar, avergonzar, amenazar o gritar, a veces lo hacemos.

En el libro **Predictive Parenting**, Shad Helmstetter dice que nuestros cerebros operan como grabadoras conectadas a la computadora. Cuando niños, grabamos y archivamos cada palabra que escuchamos. Nuestros archivos se vuelven la programación que dirige nuestro comportamiento. Siendo adultos, cuando nos sentimos provocados y nos enojamos, se reproducen automáticamente nuestras "cintas" antiguas y actuamos desde nuestra programación temprana.

Cuando los niños están peleando y nosotros intervenimos, las primeras palabras que escuchamos son "él empezó". Cuántas veces, cuando tenemos conflictos con nuestros hijos, nosotros somos los que "empezamos" al hablar de manera irrespetuosa o al no escucharlos con amor.

Hablar irrespetuosamente rompe la comunicación al dejar de escuchar a los niños. Se siente como un ataque ser criticados, culpados, avergonzados, amenazados o cuando se nos grita. Si nos sentimos atacados, nos desconectamos y nos defendemos peleando (resistiendo) o escapando (ignorando). Cuando los niños se defienden no tienen intención o motivación para escuchar.

Es nuestra responsabilidad comunicarnos de una forma que les permita a los niños escuchar.

Las palabras de los niños no siempre expresan lo que necesitan o sienten. Cuando no entendemos la expresión de sus necesidades o no respondemos a ella, los niños reaccionan en alguna de estas dos maneras:

- Expresan sus necesidades de manera todavía más fuerte.
- Suprimen sus necesidades retirándose.

Mantenemos conexión con los niños cuando escuchamos las necesidades y los sentimientos detrás de sus palabras.

Escuchar con amor es escuchar con empatía y compasión

Escuchamos con amor al oír las necesidades y sentimientos detrás de las palabras de los niños. Escuchar con amor significa poner nuestras necesidades y sentimientos en espera, de manera de poder enfocarnos en el niño. En vez de centrarte en cómo te hace sentir la conducta del niño, te enfocas en cómo se siente el niño.

Ejemplos de escucha con amor:

"Cuando te escucho decir (o te veo hacer) cosas hirientes, eso me dice que algo te está afectando. ¿Puedes decirme lo que te está hiriendo?", "Suena como si te sintieras…" (enojado, triste, desanimado, frustrado, avergonzado).

La manera en que hablamos y escuchamos a los niños proviene de la antigua programación que recibimos siendo niños o de nuevas habilidades de comunicación que adquirimos como adultos.

Comunicarse respetuosamente no significa que nunca podamos sentir o expresar frustración o enojo. Significa aprender a expresar nuestros sentimientos molestos de manera respetuosa.

Podemos:
- Reemplazar nuestra programación con nuevas habilidades de comunicación
- Expresar nuestras necesidades y sentimientos de manera respetuosa
- Escuchar con amor para mantener la conexión
- Proveer a los niños un modelo de comunicación que construya relación

Reemplazar las Grabaciones Antiguas por Nuevas Habilidades de Comunicación

Recuerda: ¡no nos culpemos por lo que no sabíamos O por nuestra programación!

Decir "No"

Si siendo niños escuchamos "no" muchas veces al día, tenemos cintas de grabación de "no". "No saltes en la cama. No le pegues a tu hermana. No toques el horno". Estamos programados para decirles a los niños lo que no queremos que hagan, lo que es contraproducente para la cooperación y la conexión.

Decirles a los niños lo que no queremos que hagan no les enseña lo que *sí queremos* que hagan. Los niños cooperan más activamente cuando les decimos lo que esperamos. Dar información les da la oportunidad de decirse a ellos mismos qué hacer.

Los cerebros de los niños graban cada palabra que les decimos. Cada vez que decimos "no", sus cerebros registran lo que no queremos que hagan. La palabra "no" capta su atención, pero lo que graban es "salta en la cama. Pégale a tu hermana. Toca el horno".

El "no" se siente como una orden y una crítica. Las órdenes disminuyen la auto valoración del niño al hacerle sentir que sus necesidades y sentimientos no importan. La crítica erosiona la autoestima haciéndolo sentir incapaz. Las órdenes y las críticas rompen la conexión e invitan a la lucha de poder.

Nuevas Habilidades:

Mantenemos conexión y reducimos la lucha de poder al decirles a los niños respetuosamente lo qué queremos que hagan.

Ejemplo: En vez de "No le pegues a tu hermana".

Da información: "Pegar duele. Puedes no pegarle a tu hermana".

Manifiesta tus sentimientos: "Me siento molesta(o) cuando veo a alguien que quiero hiriendo a otra persona que quiero".

Señala tu necesidad: "Los necesito a todos para sentirme segura(o)".

Escucha con amor: "Sé que también debes estar molesta porque el único momento en que hieres a otros es cuando algo te hiere a ti. Estoy dispuesta(o) a escuchar tus sentimientos".

Hace una petición: "¿Estarías dispuesto a que busquemos juntos una manera segura de decirle a tu hermana como te sientes?".

Si el niño dice no, necesitamos hacer más escucha. El niño podrá reconectarse cuando haya liberado todo su dolor.

Los padres en mis clases se maravillaban al darse cuenta lo seguido que decían "no" y lo desafiante que es dejar de hacerlo. No podemos pensar claramente cuando estamos siendo provocados. Cuando un niño está haciendo algo que es molesto para nosotros es más rápido y fácil decir "no hagas eso" que pensar en qué queremos que el niño haga.

A veces debemos proteger a los niños de su falta de información, experiencia y control. Cuando debes responder rápido, trata de usar otra palabra: "¡Para!", "¡Peligro!", "¡Caliente!", "¡Afilado!".

Puede que no podamos dejar de decir "no", pero podemos reducir su uso. Cuando te sorprendas diciendo "no" a los niños, en seguida diles lo que quieres que hagan.

Gritar

Incluso los padres más amorosos, les gritan a veces a sus hijos. Algunos padres lo hacen porque se les gritó frecuentemente cuando niños y así fueron programados. Otros gritan solo cuando se sienten realmente frustrados o enojados. Gritar hiere los sentimientos de los niños, su auto valoración, su autoestima e instantáneamente se rompe la conexión.

Gritar asusta a los niños. Es un ataque y gatilla la respuesta de pelea o de huida. Algunos niños se defienden peleando, gritándonos de vuelta. Algunos niños se defienden huyendo, tratando de escapar ya sea física o emocionalmente.

A menos que estemos gritando "la cena está lista", los gritos son una forma de intimidación intencional para asustar y para que el niño haga lo que el adulto quiere, o son una liberación no intencional de frustración o rabia.

Los niños aprenden a comunicarse imitando la manera en que nosotros nos comunicamos. Gritarles intencionalmente para que hagan lo que queremos es intimidación o *bullying*. Les enseña a los niños a gritarle a la gente para que hagan lo que ellos quieren. Gritarles sin intención es la pérdida de control. Les enseña a los niños que gritarle a la gente es una manera aceptable de lidiar con la frustración.

Aunque gritar es una programación difícil de cambiar, hay una simple manera de interrumpir los gritos y reducir el daño emocional que causan.

Nuevas Habilidades:
Diles a tus hijos que estás trabajando en no gritarles y pídeles ayuda. Dales permiso para interrumpirte cuando gritas. Diles que ellos te pueden recordar que pares de gritar cubriéndose sus orejas como un recordatorio no verbal o diciendo "Me estás gritando y eso hiere mis sentimientos" o "Por favor háblame como alguien que tú quieres". Responde al recordatorio con retroceder, reparar y repetir.

Ejemplo:
Retroceder: "Gracias por recordarme, me olvidé o me frustré".
Reparar: "Perdona, no te mereces que te grite. Lo que hiciste no estuvo bien, pero gritarte no está bien tampoco".
Repetir: "Vamos a empezar de nuevo. Me siento frustrado porque necesito…"

Dar permiso a los niños de recordarnos no gritarles:
- Los empodera a defenderse de los gritos sin tener que pelear o huir
- Protege su auto valía al mostrarles que no merecen ser tratados así
- Construye conexión al mostrarles interés por sus necesidades y sentimientos

Dar órdenes

Si crecimos recibiendo órdenes en lugar de que nos pidieran las cosas, tenemos cintas de grabación de "dar órdenes". Es irrespetuoso y rompe la conexión al comunicar indiferencia por las necesidades y sentimientos del niño.

Habilidades Nuevas:

Mantenemos conexión y cultivamos cooperación cuando los invitamos a hacer algo "Vamos a". Y al usar frases de transición de información: "Es hora de...", "Cuando terminemos..."

Ejemplo: En vez de "Anda a lavarte los dientes".
Invitación: "Vamos a lavarnos los dientes".
Información acerca de la transición: "Ya es hora de lavarse los dientes". "Tan pronto como el lavado esté listo, será la hora de leer un cuento". "Cuando termines tu merienda, será hora de lavarse los dientes".

Cuando las invitaciones y la información de la transición no resultan en cooperación, hay una desconexión o una falta de relación que ocasiona la conducta.

Advertencias

Estamos programados para recordarle a los niños que estén seguros a través de decirles que tengan cuidado. Ser cuidadosos es diferente en cada situación. Decir "ten cuidado" es como decir "no", no les enseña cómo ser cuidadosos. Al momento en que los niños son mayores han escuchado "ten cuidado" tantas veces que se resienten, porque implica que ellos no saben qué hacer. Responden al recordatorio con "yo sé, yo sé, no soy estúpido".

Nuevas Habilidades

Mantenemos más seguros a los niños al darles información que dándoles advertencias. Los niños más pequeños necesitan aprender cómo ser cuidadosos.

Ejemplo: "Afírmate del pasamanos. Da pasos cortos. Usa las dos manos".

A medida que crecen y ya les hemos enseñado cómo estar seguros, en vez de decir "ten cuidado" les pedimos que nos digan cómo lo harán para estar seguros.

Ejemplo: "Dime cómo te mantendrás seguro yendo en bicicleta a la tienda".

Todos ganan al pedirles a los niños mayores que nos digan cómo lo van a hacer. Cuando se los pedimos se sienten menos molestos que cuando les decimos "ten cuidado". Igualmente cubrimos nuestra necesidad de recordarles que estén seguros, porque al decirnos cómo, ellos se lo recuerdan a sí mismos.

Otras Programaciones de Comunicación que Rompen la Conexión:

Dar sermones, ser sarcásticos, acusar, culpar, avergonzar, criticar, poner sobrenombres y burlarse.

Estos estilos de comunicación no solo rompen la conexión, sino que también dañan la autoestima y la auto valoración. Interrumpimos estas programaciones que rompen la conexión de la misma manera que interrumpimos los gritos.

Pídele a tu hijo que te ayude a parar de hablar de esa forma. Dale permiso para recordarte que te detengas cubriéndose los oídos o diciendo "tus palabras hieren mis sentimientos" o "por favor háblame como alguien que tú quieres". Responde al recordatorio del niño con retroceder, reparar y repetir.

Ejemplo:
Retroceder: "Gracias por recordarme. Me enojé y lo olvidé".
Reparar: "Disculpa. No fue mi intención herir tus sentimientos. No te mereces que te hable de esta manera".
Repetir: "No me gusta lo que hiciste, pero igual siempre te quiero. Quiero empezar de nuevo".

La manera más efectiva que conozco de hablar respetuosamente y escuchar con amor la aprendí del Proceso de Comunicación No Violenta (CNV), desarrollado y enseñado por Marshall Rosenberg, Ph.D. El proceso usa mensaje "yo" para describir lo que estás experimentando.

Observación: "Cuando yo veo…"
Expresa lo que ves sin interpretación o juicio.

Sentimientos: "Siento que…"
Expresa tus sentimientos y no tus pensamientos.

Necesidades: "Porque necesito…".
Expresa tu necesidad o un valor en lugar de una preferencia o una acción específica.

Peticiones: "¿Estarías dispuesto a…?"
Expresa una acción concreta, que pides que sea tomada, más que hacer una demanda.

Ejemplo de uso de este proceso para mantener la comunicación:
Observación: "Cuando veo los juguetes por toda la sala…"
Sentimientos: "Me siento frustrado…"
Necesidades: "Porque necesito ayuda para mantener la casa en orden…"
Petición: "¿Estarías dispuesto a recogerlos ahora?".

Si la respuesta es no, hay desconexión (u otra causa conductual), porque cuando los niños se sienten conectados les importan nuestras necesidades y sentimientos. Nos reconectamos a través de escuchar con amor.

Hacer declaraciones en primera persona permite que el que escucha pueda escuchar en vez de defenderse.

El proceso de escuchar usa mensajes de "tú" para describir tu comprensión de la experiencia de la otra persona.

Observación: "Cuando tú ves..."
Sentimientos: "Te sientes..."
Necesidades: "Porque necesitas..."
Peticiones: "¿Te gustaría...?".

Ejemplo de usar este proceso para mantener conexión a través de escuchar con amor:

Observación: "Cuando me escuchas pedirte que recojas los juguetes de nuevo".
Sentimientos: "¿Te sientes molesto?".
Necesidades: "¿Es porque necesitas hacer algo más ahora?"
Peticiones: "¿Te gustaría que te pregunte cuándo estarás listo para recoger los juguetes?"

Escuchar a través de declaraciones "tú" te permite chequear tu compresión de la experiencia de la otra persona. Permite que la otra persona se sienta entendida o corrija lo que entendiste.

Aprender a hablar y escuchar de esta manera amorosa y respetuosa toma tiempo, esfuerzo y práctica. El tiempo extra que ahora toma aprender a mantener la conexión a través de comunicarse respetuosamente, lo ahorramos más adelante en el tiempo extra que no vamos a ocupar reconectándonos a través de retroceder, reparar y repetir.

En carpintería hay una guía para ahorrar tiempo y trabajo: mide dos veces, corta una. En Crianza con Conexión, la guía para ahorrar tiempo y trabajo es: Piensa dos veces, habla una. Es menos trabajo y toma menos tiempo detenerse y pensar antes de hablar. De otra manera, haces el trabajo de reconexión cada vez que rompes la conexión al hablar sin detenerte a pensar para comunicarte respetuosamente.

Habilidades de Comunicación que Construyen Conexión, Autovaloración y Autoestima

Escuchar con tus ojos al igual que con tu corazón:

Imagina cómo se siente siempre hablarles a las rodillas de los adultos. Cuando se les habla a los niños es respetuoso posicionar tu cuerpo al nivel de sus ojos. El contacto visual les muestra a los niños que estamos escuchando.

Decir sí en vez de no lo más seguido posible:

Además de "Mamá" y "Papá", la primera palabra de la mayoría de los niños es "No", porque es lo que más escuchan. Los niños crecen escuchando más por lejos lo que ellos no pueden hacer que lo que sí pueden. Los niños con una autoestima sana tienen una actitud de "puedo hacerlo". Apoyamos una actitud hacia la vida de "puedo hacerlo" cuando apoyamos a los niños a buscar lo que pueden hacer.

Cuando los niños están haciendo algo que no queremos que hagan, podemos decirles lo que pueden hacer. Si los niños hacen una petición que no podemos permitir en el momento, si nos detenemos y pensamos antes de decir no, podemos decirles cuándo *pueden* hacer lo que no pueden hacer ahora.

Ejemplo:

En vez de decir no cuando los niños pequeños toman lo que está prohibido, elige algo que pueden tocar y di: "Esto es para ti".

En vez de decir no cuando un niño pide una galleta, dile "Sí, puedes tener una después de la cena".

En vez de decir no cuando un adolescente pide ir a una fiesta, dile "Sí, si puedes satisfacer mis preocupaciones".

Dar alternativas:
Hay muchas circunstancias en las vidas de los niños sobre las que no tienen control o elección. Los niños necesitan algo de poder y control sobre su vida. Empoderamos a los niños y evitamos la lucha de poder cuando les ofrecemos alternativas. Las opciones deben ser acordes con la edad del niño y la información y experiencia que tienen para tomar decisiones.

Ejemplos:
"¿Quieres la taza roja o la azul? ¿Quieres huevos o cereal? ¿Quieres ir a los juegos del parque o que venga a casa un amigo hoy?".

Preguntarles a los niños lo que quieren para cenar o lo que quieren hacer es frustrante para ellos. Esas son demasiadas alternativas.

Incluso cuando no hay elección que hacer, generalmente hay una opción sobre *cómo* hacerlo.

Ejemplos:
"El doctor dice que necesitas tomar esta medicina para sentirte mejor. No es una opción no tomarla. ¿Quieres tomarla en la cuchara o en un poco de salsa de manzana? ¿Quieres tomarla ahora o en cinco minutos? ¿Quieres tomarla en la cocina o en el baño?".

En estas situaciones, mientras más opciones damos, menos incapaz se siente el niño.

Si las opciones no resultan en cooperación necesitamos insistir en la acción que es necesario tomar y seguir escuchando los sentimientos hasta que logremos conexión.

Hay situaciones sobre las que no hay opción.

Ejemplo:
"No puedes jugar en la calle. Jugar en las calles es peligroso. Es mi trabajo mantenerte a salvo. ¿Quieres jugar en la casa o en el patio?".

Si los niños se rehúsan a elegir, continuamos poniendo el límite y escuchando sus sentimientos. Una vez que han vaciado sus malestares, pueden pensar de nuevo y tomar una decisión.

Decirles a los niños lo que tú necesitas en vez de decirles lo que ellos necesitan.

Algunos adultos evitan dar órdenes diciéndoles a los niños: "tú necesitas…"

La verdad es que es el adulto es el que necesita que el niño haga algo. Es más preciso y respetuoso decir "yo necesito que te pongas los zapatos para que podamos irnos".

Eliminar decir "bien" cuando no estamos ofreciendo alternativas.

Algunos adultos tratan de suavizar las órdenes o asegurarse que el niño escuchó la orden al seguirla diciendo "¿bien?" o "¿OK?". Los niños escuchan la pregunta como una alternativa y se sienten confundidos si nos molestamos porque dicen que no.

Describir la conducta en lugar de juzgar al criticar o alabar.

La mayoría de nosotros creció escuchando "buen niño(a)" o "mal niño(a)" dependiendo de si nuestro comportamiento agradaba o molestaba a los adultos. Juzgar a los niños como buenos o malos les envía el mensaje de que ellos son dignos de ser queridos solo cuando nos agradan. Los niños necesitan saber que ellos siempre merecen ser queridos, incluso cuando cometen errores, pierden el control o nos agradan.

Cuando los criticamos o les mostramos nuestra desaprobación de la conducta al decir "mal(a) niño(a)", lo que ellos escuchan es que son malos en vez de que su conducta fue inaceptable. Decirles a los niños que ellos son malos no les enseña a comportarse de mejor manera ni los motiva a querer hacerlo.

Igualmente, decirle a un niño que es bueno es un juicio hacia él más que al logro. Aunque elogiar comunica aprobación, la aprobación es juicio. Los niños necesitan ser apreciados y animados, más que elogiados y aprobados. La aprobación no es aprecio ni estímulo.

La antigua teoría sobre la conducta humana planteaba que elogiar a los niños construye autoestima. Esta teoría decía, además, que al usar el refuerzo positivo de elogiar su "buena" conducta nuestra aprobación los animaría a repetir esa conducta. La investigación reciente muestra que el elogio y la aprobación no construye autovaloración ni autoestima ni motiva a los niños a hacerlo mejor.

Los niños tienen una gran necesidad de conexión, atención, aprecio, aceptación y estímulo para sentirse bien con ellos mismos. Si los adultos no tienen influencia sobre los niños a través de la conexión, recurren a las amenazas o al refuerzo positivo para controlar sus conductas. El refuerzo positivo suena más amable que las amenazas, pero ambos son manipulación. Las amenazas manipulan al niño a que cumpla desde el miedo al castigo. El refuerzo positivo manipula a los niños a que hagan lo que queremos tomando ventaja de su necesidad de nuestro amor y aceptación.

Decir "me hace feliz que compartas" suena como un estímulo a ser generosos, pero en realidad es manipulación. Los niños se motivan a compartir no porque quieran dar a los otros niños, sino que por su necesidad de atención y aprobación por parte del adulto. El elogio les enseña a los niños a sentirse bien con ellos mismos solo cuando agradan a otros.

Controlar la conducta de los niños a través de la manipulación cuando son pequeños resulta contraproducente cuando crecen. Si los niños solo se sienten bien acerca de ellos mismos cuando agradan a los demás, son más vulnerables a la presión de los pares. Cuando agradar a sus amigos es más importante para ellos que a sí mismos, elegirán agradar a sus amigos.

Además del refuerzo positivo, con el elogio se intenta mostrar amor y aprecio. Decir "Buen(a) niño(a)", no es malo, pero no es un estímulo. Podemos hacerlo mejor por nuestros hijos.

Animamos a los niños a sentirse contentos con ellos mismos apreciándolos en vez de evaluándolos. Les mostramos aprecio al prestarles atención y describir lo que están haciendo o han hecho. Cuando tu programación quiere animar diciéndole que es un(a) "buen niño(a)", en su lugar anímalo poniéndole atención, apreciando y describiendo.

Ejemplos de estimular a través de prestar atención, apreciar y describir:

Decimos "Recogiste tus juguetes. ¡Gracias por la ayuda!". El niño escucha: soy bueno ayudando.

Decimos "Dejaste tus botas embarradas afuera, gracias por acordarte". El niño escucha: tengo buena memoria.

Decimos "¡Nadaste toda la distancia de la piscina!". El niño escucha: soy un buen nadador.

Decimos "Pusiste cada pieza de los cubiertos en su lugar. Gracias por organizarlos". El niño escucha: soy organizado.

Decimos "Recogiste algunas flores para mí. Gracias por tu consideración". El niño escucha: soy considerado.

Decimos "Pusiste gasolina en el carro antes de devolverlo. Gracias por tomar esa responsabilidad". El adolescente escucha: soy responsable.

Cuando les decimos que son "buenos" es igual de desafiante como decir "no". Mientras practicamos ser más fluidos en poner atención, apreciar y describir, si tendemos con rapidez a decir "buen...", cámbialo por "¡bien por ti!" y *luego* pon atención, describe y aprecia.

Interrumpir nuestras antiguas "cintas de grabación" y aprender a hablar de manera respetuosa y habilidades de escucha son aspectos esenciales para la crianza a través de conexión en vez de coerción.

Aprender nuevas habilidades de comunicación es la parte más simple, aunque no la más fácil. La parte difícil es sobre escribir nuestra vieja programación cuando nos provocan. Es desafiante no caer de vuelta en formas irrespetuosas de hablar y escuchar que causan desconexión. Eso es por qué necesitamos retroceder, reparar y repetir.

La forma en que hablamos a los niños será la forma en que nos hablen a nosotros y a los demás. Y lo más importante, será la forma en que hablen a sí mismos.

Practicar Comunicación con Conexión

En tu Cuaderno de Crianza:
Haz una lista de los conflictos diarios que tienes con tus hijos. Luego pregúntate: en esos momentos de conflicto cuando mis hijos se resisten o me ignoran ¿estoy usando mis "cintas de grabación" (hablar sin pensar) o no estoy escuchando con amor?

Una vez que estamos conscientes de nuestra parte en la creación del conflicto, podemos sobre escribir nuestra programación antigua y usar nuevas habilidades de comunicación para cambiar la forma en que hablamos y escuchamos.

A medida que cambiamos nuestra conducta, los niños cambian la suya.

Libros Recomendados

Criar a Nuestros Hijos Creciendo Nosotros de Naomi Aldort

Ser Padres desde el Corazón – Compartir los regalos de la compasión, la conexión y la elección de Inbal Kashtan

Cómo Hablar para que los Niños Escuchen – Y Cómo Escuchar para que los Niños Hablen de Adele Faber y Elaine Mazlish

Predictive Parenting de Shad Helmstetter

6

Conexión a través de la Disciplina de Decodificar la Conducta de los Niños

No podemos enseñarles a los niños a comportarse mejor haciéndolos sentir peor.
Cuando los niños se sienten mejor se portan mejor.

Como nuevos padres solemos oír: "Disfruta a tus hijos mientras son pequeños". Sin embargo, ¿cuánto tiempo pasamos disfrutando a nuestros hijos? Muchos padres pasan gran parte del día en conflicto con los niños. ¿Cómo ha pasado esto? ¿Qué hace que hoy la crianza sea con más frecuencia un problema que una alegría?

Muchas personas dicen "Los niños de ahora son diferentes, yo nunca me hubiera portado así cuando era niño". Los padres se enfrentan hoy con conductas infantiles que los abuelos no experimentaron al criar a sus hijos. Cuando la conducta de nuestros hijos nos saca de quicio, necesitamos mirar nuestra conducta:

- ¿Cuánto tiempo de conexión hemos tenido con nuestros hijos?
- ¿Qué tan ocupados estamos?
- ¿Qué tan estresados estamos?

Cuando estamos disfrutando a nuestros hijos, dedicamos tiempo a conectarnos con ellos. No estamos apurándolos para ir de un lugar a otro, no estamos ansiosos y no estamos haciendo demasiadas cosas a la vez y siempre ocupados.

La conducta de los niños es diferente hoy en día, porque la infancia es diferente. Las vidas de los padres están más ocupadas y son más estresantes que las de nuestros abuelos. Hacemos más cosas, vamos a más lugares y esperamos que los niños sigan el mismo ritmo. Los niños ahora van al jardín de infantes, a la escuela, a juegos deportivos, a lecciones y a citas. A menudo pasan tanto o más tiempo yendo y viniendo que participando en las mismas actividades.

Los niños necesitan tiempo de conexión con sus padres, tiempo de juego inestructurado y tiempo para "solo estar". Hoy no tienen mucho de eso, la mayoría está menos que nunca en su casa con su familia.

Los padres suelen mencionar las transiciones como los momentos de mayor conflicto con sus hijos. Salir de la casa en las mañanas y acostarse en las noches frecuentemente es una lucha. Parece que lo que disfrutamos de los niños también nos molesta. Ellos viven **en el momento presente**. Su atención está completamente en lo que necesitan, sienten o están haciendo **ahora**.

Nosotros no estamos en el **ahora** cuando nos apuramos para salir o tratamos de que se vayan a acostar. Estamos pensando en dónde vamos a ir después y lo que tenemos que hacer. Estamos centrados en nuestra agenda. Cuando los niños necesitan tiempo para conectarse con nosotros o necesitan tiempo para "solo estar", saben que salir o ir a acostarse significa que esas necesidades no serán cubiertas. Para ellos las transiciones a menudo significan sacrificar sus necesidades para satisfacer las nuestras y naturalmente se resisten. Cuando los niños se resisten a nuestra agenda, vemos sus conductas como problemas.

Con frecuencia los padres, cuidadores y profesores refieren que la razón para venir a mis talleres de crianza es que quieren tener más herramientas para lidiar con los problemas de conducta de los niños.

La lógica natural impide creer en la evolución de una especie que se caracteriza por sacar de quicio a millones de familias.
-Jean Leidloff, autora de **El Concepto del Continuum**.

A medida que nuestro estilo de vida y nuestra manera de dar a luz y cuidar a los niños ha ido cambiando, la conexión entre padres e hijos se ha empezado a erosionar. Esta pérdida de conexión ha afectado la conducta de los niños. Ellos muestran sus necesidades no satisfechas de conexión a través de las conductas que nos provocan a nosotros.

Es difícil recordar el uso de una comunicación amorosa y respetuosa cuando la conducta de los niños nos provoca reacciones intensas. ¿Qué problemas de conducta te provocan a ti?

 En tu Cuaderno de Crianza:
Haz un listado de las conductas de los niños que provocan una fuerte reacción en ti.

En mis talleres, los participantes crean un listado de conductas "provocadoras". Algunas conductas que con frecuencia aparecen en la lista son:

Pataletas – quejidos – no escuchar – pegar – responder – no cooperar – molestar – intimidación o *bullying* – rehusarse a compartir – pelear con los hermanos – rehusarse a vestirse – rehusarse a lavarse los dientes – discutir – poner sobrenombres – herir a otros.

¿Por qué los niños se comportan así?

Los niños quieren hacerlo bien. Quieren, necesitan y merecen sentirse aceptados, queridos, valorados y apreciados por sus padres, familia, amigos, cuidadores, profesores, compañeros y la comunidad. En mi experiencia con niños he visto que cuando las necesidades son satisfechas y nada los afecta, están felices y su conducta no es un problema. Cuando no están bien, su manera de actuar con su conducta es una petición de nuestra ayuda.

Los seres humanos nos comunicamos de muchas maneras. Además de usar nuestras palabras, nos comunicamos con nuestros ojos, expresión facial, gestos, lenguaje corporal y conducta. Como los adultos se comunican más de manera verbal, a los niños les decimos que "usen sus palabras". Incluso cuando tienen lenguaje, no siempre pueden identificar y articular sus necesidades. Cuando no pueden usar palabras, entonces lo "actúan" con la conducta.

> *...toda nuestra conducta es un constante intento por reducir*
> *la diferencia entre lo que queremos*
> *(las imágenes en nuestra mente) y lo que tenemos*
> *(la manera en que vemos las situaciones en el mundo)*

-William Glasser, M.D., autor de ***Control Theory – A New Explanation of How We Control Our Lives***

La conducta como comunicación de una necesidad

La conducta es impulsada por una necesidad. Hacemos lo que hacemos para satisfacer nuestras necesidades. Los niños dependen de nosotros para cubrir sus necesidades físicas y emocionales. Cuando los niños tienen una necesidad insatisfecha se sienten incómodos. Como no pueden cubrir sus propias necesidades llaman nuestra atención y comunican sus necesidades de manera que nosotros podamos ayudarlos.

Los bebés lloran porque sienten dolor o para atraer nuestra atención hacia sus necesidades. Los padres de bebés aprenden a diferenciar entre el llanto de una necesidad y el llanto de dolor. Sin embargo, los bebés dan indicios sutiles sobre una necesidad que tienen antes de llorar como, por ejemplo, cuando se retuercen. Lloran cuando la necesidad se vuelve dolorosa.

Cuando tenemos una fuerte conexión con los niños es más probable que notemos los sutiles primeros indicios de la necesidad antes de que escale a dolor. Mientras menos conectados estamos, menos probable es que notemos esos indicios. Si no respondemos a estos primeros indicios, *tienen* que enfatizar la comunicación de sus necesidades para atraer nuestra atención.

Por ejemplo, un bebé cuando siente incomodidad porque tiene hambre empieza a retorcerse y buscar con su boca. Si la madre está sosteniendo al bebé, se da cuenta que está retorciéndose y responde a la comunicación de hambre del bebé. Si el bebé está solo en la cuna y la madre no ve ni responde a las señales visuales de la necesidad del bebé, la incomodidad escala al dolor del hambre. El bebé llora de dolor y para atraer la atención hacia su necesidad.

El llanto de un bebé es una comunicación diseñada para molestarnos y movilizarnos para satisfacer su necesidad. En la misma línea, las conductas necesitadas de los niños, por diseño, se supone que nos molesten y nos muevan a actuar para satisfacer sus necesidades.

Si los padres no responden a las comunicaciones tempranas va a ocurrir que la necesidad escale a dolor incluso cuando los niños ya tienen lenguaje.

Por ejemplo, un niño dice de manera agradable "Mamá, tengo hambre, ¿cuándo vamos a almorzar?". La mamá está ocupada y le dice "Voy a terminar este párrafo y haré el almuerzo para nosotros". Ella se deja llevar por su creatividad y no deja su trabajo para preparar la comida. El niño vuelve diez minutos después, no encuentra el almuerzo listo y la mamá sigue en el computador. El niño comunica su necesidad más enfáticamente gritando "¡Tengo hambre! ¡Dijiste que harías el almuerzo y todavía estás en el computador!".

Ahora el niño tiene la atención de la mamá. A regañadientes deja el computador, empieza a hacer el almuerzo y suena el teléfono. El niño va a la cocina, ve a la mamá al teléfono y comienza a hacer una pataleta. La mamá tiene que cortar el teléfono, avergonzada porque no podía escuchar por la rabieta. Frustrada por su necesidad no satisfecha y la conducta del niño, ahora tiene que lidiar con la pataleta.

¿El niño está haciendo una pataleta porque es un "mal niño"? No. ¿La mamá está ignorando intencionalmente las necesidades del niño y está siendo una "mala madre"? No. Ambos están tratando de satisfacer sus necesidades.

Luchas de Poder

Los niños más necesitan amor cuando menos parece que menos lo merecen.

Los niños recurren a comunicarse a través de conductas poco amorosas y cooperadoras cuando tienen sus necesidades insatisfechas. Aquellas conductas que gatillan nuestros antiguos dolores de sentirnos no tomados en cuenta, no aceptados, no apreciados o no queridos. Cuando las conductas de los niños nos provocan, nos bloqueamos en una lucha de poder emocional con el niño. Cada uno está luchando por ser el que consiga satisfacer sus necesidades.

Una lucha de poder implica dos personas tratando de satisfacer sus necesidades sin conexión.

En su trabajo de Comunicación No Violenta, Marshall B. Rosenberg, Ph.D., usa los términos "poder sobre" y "poder con" el otro. Estos términos describen con precisión la diferencia entre desconexión y conexión. Una conexión sólida entre dos personas significa que tienen influencia o poder "con" el otro porque cada uno aprecia mucho las necesidades y sentimientos del otro.

Cuando hay una conexión débil o una desconexión entre dos personas, no hay una gran consideración por las necesidades y sentimientos del otro. Sin ese interés mayor, no tenemos influencia o "poder con" la otra persona. Recurrimos al "poder sobre" la otra persona para obtener lo que necesitamos cuando no tenemos influencia.

Cuando no tienes nada, no tienes nada que perder.
-Bob Dylan

Conexión significa que confiamos en que otros nos van a ayudar a obtener lo que necesitamos. La confianza se traduce en cooperación y las personas trabajan juntas, por lo que todos obtienen lo que necesitan. Sin conexión estamos solos. No podemos depender de nadie más que nos ayude para tener lo que necesitamos. Tenemos que atender nuestras necesidades sin consideración de las necesidades de nadie más. Falta de confianza se traduce en conflicto.

Decodificar la conducta significa buscar la intención detrás de la acción.

Para mantener la conexión honrando las necesidades y los sentimientos de los niños, aprendemos a decodificar el lenguaje de la conducta. Ya tenemos experiencia en decodificar conductas, especialmente si tenemos un perro. Cuando un perro va a la puerta decodificamos esa conducta y lo dejamos salir. Si no entendemos qué significa la conducta y no lo dejamos salir, el perro finalmente resuelve su necesidad en el suelo en vez de afuera de la casa. No entender la comunicación de la necesidad del perro no hace que la necesidad se vaya.

La conducta inaceptable del perro era una necesidad no satisfecha, no una mala conducta. Cuando los niños "actúan" para comunicar una necesidad no es mal comportamiento. A menudo es una conducta de una necesidad no satisfecha.

Cuando cambiamos nuestro pensamiento sobre la conducta, cambiamos nuestro lenguaje también. La mala conducta o la desobediencia a menudo es conducta "necesitada". Es nuestro trabajo como adultos satisfacer las necesidades de los niños y enseñarles maneras aceptables de comunicar lo que necesitan, hasta que sean lo suficientemente grandes para satisfacer sus propias necesidades.

También es nuestro trabajo como adultos enseñarles conductas aceptables. La mayoría de los adultos estamos programados para enseñarles a los niños conductas aceptables a través de castigarlos por su conducta inapropiada. La aproximación que usan los adultos para enseñar conductas aceptables depende de nuestra programación antigua o de la nueva información y habilidades que tengan.

Castigo Corporal como Disciplina

En general nuestros padres creían que el castigo físico nos "daría una lección", siempre que no ocasionara daño físico permanente. Pegarles a los niños ha sido una forma de disciplina aceptada en nuestra sociedad por tanto tiempo que algunos padres no se pueden imaginar que sea posible disciplinarlos sin pegarles. No solo es posible enseñarles conductas adecuadas sin pegarles, sino que es imposible enseñarles con golpes.

Los padres tienen la *intención* de enseñarles a los niños a ser corteses, respetuosos, responsables, amables y amorosos, y ellos aprenden de lo que les modelamos. Pegarles no es cortés, respetuoso, responsable, amable ni amoroso. Golpear es violencia. Cuando modelamos violencia, enseñamos violencia. Las únicas "lecciones" que los golpes pueden dar es temor y desconfianza de aquellos que les pegan.

No es agradable pegarles a las personas.
Los niños son personas.

El Dr. Daniel F. Whiteside, ex Director de Salud Pública, reportó: "El castigo físico de los niños interfiere con el proceso de aprendizaje y con su óptimo desarrollo como adultos socialmente responsables. Sentimos que es importante para los trabajadores sociales públicos, los profesores y otros profesionales preocupados de la salud emocional y física de los niños y jóvenes, que apoyen la adopción de métodos alternativos para el logro de autocontrol y conducta responsable en los niños y adolescentes".

Golpear a los niños hiere sus cuerpos, sus corazones y sus mentes. En lugar de enviar el mensaje de que su conducta fue mala, les hace creer que ellos son malos. La investigación muestra que pegarles disminuye su autoestima. Incluso, un estudio británico evidencia que los niños que son golpeados pueden tener menos capacidad para aprender porque los castigos físicos disminuyen su CI.

A pesar de toda la investigación que muestra que pegarles a los niños falla en enseñar conductas aceptables y los daña emocional, intelectual y físicamente, muchos niños todavía están siendo golpeados en nombre de la disciplina. Cuando les pregunto a los padres **por qué** les pegan a los niños para "disciplinarlos" he encontrado tres respuestas comunes:

- "Cuando era niño me pegaban y no me dañó de ninguna manera. Es la única manera de hacer que sean sensatos".

- "Hasta ahora no sabía que estaba mal golpear a mis hijos. Mis padres me pegaban cuando hacía algo malo y yo creía que así era como se disciplina a los hijos".

- "Sé que no está bien golpear a mis hijos, pero a veces me enojo y me frustro y no sé qué más hacer".

No todos los adultos a los que se les pegaba cuando niños lo hacen cuando crecen. Sin embargo, la mayoría de los adultos que golpean, fueron golpeados o presenciaron golpes cuando eran niños. Los adultos que fueron golpeados cuando niños dicen que se acuerdan de haber sido golpeados, pero no se acuerdan por qué. Esto es más evidencia de que golpear falla como una forma de disciplina.

Ser golpeado activa la respuesta de pelea o huida en los seres humanos. Cuando alguien nos pega, nuestro pensamiento racional se apaga. Todo lo que podemos pensar es en protegernos pegando de vuelta o escapando. Si no podemos pensar *por qué*, o ni siquiera en qué conducta estuvo mal, tampoco podemos aprender la forma correcta de actuar. No podemos enseñar a los niños conductas aceptables pegándoles. La nalgada es un eufemismo de violencia.

- Cuando un niño grande le pega a uno más pequeño lo llamamos matonaje o *bullying*.

- Cuando un adulto le pega a un niño lo llamamos "palmada" o "nalgada".

• Cuando los adultos en una familia se pegan el uno al otro lo llamamos golpiza o violencia doméstica.

Entonces ¿por qué cuando los adultos les pegan a los niños en la familia lo llamamos disciplina? No importa qué nombre le pongamos, cachetada, bofetada, palmada, nalgada, etc., el castigo corporal no es disciplina, es violencia.

Pegar rompe la conexión y la confianza.

El Castigo No Físico como Disciplina

Muchos adultos que evitan usar castigo corporal usan como disciplina el castigo de la pérdida de privilegios, quedar castigado en casa, el tiempo-fuera y las amenazas. La teoría detrás del uso del castigo como disciplina dice que, si es lo suficientemente doloroso o desagradable, le "enseñará" al niño la conducta aceptable, haciendo que el niño tema un nuevo castigo si repite la conducta inaceptable.

Castigar a los niños no les enseña la lección de la conducta aceptable que se pretende. Lo que les enseña es a ser solapados, a mentir y a evitar ser descubiertos. La realidad del castigo es que se trata de controlar la conducta de los niños a través de usar el miedo. Cuando castigamos a los niños modelamos la intimidación o el *bullying*. A través de nuestro ejemplo les enseñamos a obtener lo que necesitan controlando a otras personas a través del uso del miedo.

Solo tenemos que mirar la tasa de delincuentes que recaen en prisión para ver que el castigo no funciona para impedir que la gente repita conductas inaceptables. El castigo causa que los niños piensen más sobre lo malo que se les ha hecho a ellos que sobre lo malo que hicieron. El castigo debilita el deseo natural de los niños de comportarse de maneras que les traigan amor y aceptación. Usar cualquier tipo de castigo como disciplina rompe la conexión y la confianza.

Verdadera Disciplina Parental

La mayor parte del tiempo cuando la gente dice disciplina quiere decir castigo. Aunque usemos las palabras castigo y disciplina de manera intercambiable, como si tuvieran el mismo significado, son palabras diferentes. El castigo se define en el diccionario como "tratamiento duro y arbitrario por hacer algo malo". La verdadera disciplina parental implica enseñar o entrenar a los niños para hacer lo que es correcto. El castigo no es disciplina porque no les enseña a los niños a hacer lo que es correcto.

Restitución:
Cuando haces algo mal, puedes elegir hacer lo correcto.

Les enseñamos a los niños a hacer lo que está bien modelando la conducta aceptable y enseñándoles a restituir. Los niños necesitan saber que pueden escoger enmendar las cosas cuando se han comportado de maneras inaceptables.

Cuando nuestra conducta como padres no es como queremos que sea y usamos la herramienta de reconexión de retroceder, reparar y repetir, modelamos arreglar las cosas a través de la restitución. Les enseñamos a los niños cómo hacerlo bien.

- Cuando los niños derraman su leche, les enseñamos cómo limpiar.

- Cuando un niño quiebra una ventana, le enseñamos que puede elegir tomar la responsabilidad de repararla o reemplazarla.

- Cuando un niño hiere los sentimientos de alguien más, le enseñamos que puede elegir disculparse.

Los castigos dan este mensaje a los niños: Hiciste algo malo y ahora debes sufrir porque eres malo.

La restitución les da este mensaje: Hiciste algo mal y ahora puedes elegir repararlo.

Castigarlos les enseña a creer que ellos son malos. La restitución les enseña a creer en su habilidad para hacerlo bien.

En la introducción de su libro ***It's about WE: Rethinking Discipline Using Restitution***, Diane Gossen describe la Restitución como "... un genuino cambio de paradigma desde la disciplina externa, que obliga y aliena a los jóvenes, a una disciplina interna, que los fortalece y acoge".

Si la única razón que tienen los niños para no hacer algo malo es el miedo a ser castigados ¿qué guía tendrán para sus conductas cuando no haya alguien para castigarlos? El objetivo de la verdadera disciplina parental no es controlar la conducta de los niños hiriéndolos cuando sus conductas no son aceptables, sino que enseñarles a hacer lo que es correcto. No podemos controlar la conducta de nadie más, excepto la propia. La verdadera disciplina parental lleva a los niños a la autodisciplina.

A pesar del hecho de que el castigo no les enseña a los niños a hacer lo que está bien, muchos adultos todavía castigan a los niños por su conducta inaceptable. Aunque el castigo pueda detener una conducta desafiante de manera temporal, si es una comunicación de una necesidad insatisfecha, alguna forma de conducta necesitada va a persistir.

No podemos castigar a la gente con no tener necesidades.

Por ejemplo, yo tengo una necesidad física de comer para sobrevivir. Si no tuviera comida y no hubiera una forma legal de conseguir alimento, robaría antes que morir. Robaría comida, incluso sabiendo que está mal y que sería castigada si me descubrieran.

Si fuera descubierta robando y me castigaran ¿me enseñará el castigo a no tener hambre? No. Si estuviera en la misma posición de nuevo sin otra manera de obtener comida, repetiría la conducta de robar, aunque supiera que el castigo sería la consecuencia.

No me puedes enseñar a no tener mis necesidades físicas de alimentación. Igual que castigarme por robar comida no me puede enseñar a no tener hambre, castigar a los niños por sus conductas necesitadas no les pueden enseñar a no tener sus necesidades emocionales de atención y conexión.

Cuando no satisfacemos las necesidades emocionales de los niños, ellos están obligados a comunicarlas por su dependencia. Cuando comunican sus necesidades insatisfechas a través de su conducta y reaccionamos castigando su conducta, estamos tratando de curar el síntoma en vez de la causa.

Aunque podemos parar la conducta necesitada temporalmente al amenazar con el castigo o al ofrecerles una recompensa, si la necesidad todavía existe, alguna forma de actuación o de conducta necesitada va a persistir.

No podemos enseñar a los niños a comportarse mejor haciéndolos sentir peor.

Los niños que expresan sus necesidades emocionales insatisfechas a través de su conducta ya se sienten desconectados y castigarlos los hace sentir peor. Los niños se comportan mejor cuando se sienten mejor. Cuando aprendemos a decodificar la conducta y la satisfacemos la necesidad o al menos reconocemos lo que la conducta está comunicando, el niño cambia su conducta. Si la conducta es causada por una necesidad insatisfecha, una vez que la necesidad es cubierta o reconocida, el niño deja de actuar ya que ya no hay una necesidad insatisfecha que comunicar.

Empezamos el proceso de decodificar la conducta de los niños, preguntando "¿qué está causando esta conducta?". Las respuestas a esa pregunta están influidas por nuestras creencias sobre los niños. En nuestra cultura los adultos creen y asumen muchas cosas negativas sobre los niños.

En tu Cuaderno de Crianza:
Haz una lista las diez palabras más negativas que hayas escuchado decir sobre los niños.

En el taller de crianza hacemos esta lista como grupo. Estas son diez de las palabras más comunes que aparecen en la lista:
Rudo – egoísta – manipulador – maleducado – odioso – irrespetuoso – ruidoso – desordenado – estúpido – desagradecido.

Aunque creamos que tenemos o que no tenemos estas creencias sobre los niños, si las hemos escuchado lo suficientemente seguido para que aparezcan en la lista, influyen sobre nuestro pensamiento de la conducta de los niños.

Cuando hacemos la pregunta: "¿Qué está causando la conducta?", ninguna de estas creencias sobre los niños puede ser la respuesta, porque esas creencias son juicios, no causas.

Hay muchas causas para la conducta desafiante de los niños. Algunas de ellas son:

• Una necesidad insatisfecha de conexión humana

• Una necesidad insatisfecha física o emocional

• Estrés causado por el ambiente emocional del niño

• Condiciones emocionales que comprometen el bienestar del niño

• Sensibilidades físicas o emocionales con las que el niño ha nacido

- Sensibilidades que son parte del temperamento innato del niño
- Sensibilidades físicas o emocionales o desafíos causados por estrés durante el nacimiento o a continuación de él
- Desafíos de integración sensorial

Las conductas son causadas o aprendidas. Los niños imitan todo lo que decimos y hacemos. Algunas conductas desafiantes de los niños son conductas aprendidas. No podemos esperar que los niños no imiten las conductas que modelamos.

En tu Cuaderno de Crianza:

Mira tu lista de las conductas que te provocan y marca cualquiera de ellas que tú modelas para entender si estás reforzando conductas inaceptables al modelarlas.

Aunque haya muchas causas para el comportamiento, hay solo cuatro tipos de conductas:

Conducta necesitada – causada por una necesidad física o emocional

Conducta de sanación – una liberación de dolor emocional

Conducta de sensibilidad o temperamento – reacciones causadas por temperamento innato o sensibilidades físicas o emocionales

Conducta feliz – el estado de bienestar cuando las necesidades físicas y emocionales están satisfechas

Piensa en cómo se comportan los niños cuando están felices. ¿Qué hacen?

En tu Cuaderno de Crianza:
Haz una lista de diez maneras en que tus hijos se comportan cuando están contentos.

En el taller hacemos esta lista en grupo. Éstas son las diez conductas más frecuentemente citadas:
Sonreír – reír – cantar – tararear – escuchar – ayudar – cooperar – abrazar – jugar.

En tu Cuaderno de Crianza:
Compara la lista de las conductas "necesitadas" y que te provocan con la lista de las conductas felices.

Conductas necesitadas:

Pataletas – quejidos – no escuchar – golpear – responder – no cooperar – molestar – *bullying* – rehusarse a compartir – pelear con los hermanos – rehusarse a vestirse – rehusarse a lavarse los dientes – discutir – poner sobrenombres – herir a otros.

Conductas felices:

Sonreír – reír – cantar – tararear – escuchar – ayudar – cooperar – abrazar – jugar.

¿Qué observas de las dos listas?

Las conductas listadas son opuestas. Los niños están felices cuando sus necesidades están satisfechas y no tienen dolor. No actúan con su conducta porque no tienen heridas o necesidades insatisfechas que comunicar. Vuelve a mirar la lista de las conductas necesitadas y que te provocan y ponle el nombre de conductas de infelicidad. ¿Sientes compasión o empatía por el niño que está infeliz porque su dolor emocional o frustrado por una necesidad insatisfecha? ¿Sientes un cambio en tu actitud hacia la conducta del niño? Este cambio en la actitud hacia la conducta de los niños es clave para la crianza en conexión, para criar a través de amor en vez de miedo.

Un cambio de opinión es la esencia de todos los otros cambios y lo trae una reeducación de la mente.
– Emmiline Pettrick Lawrence

Cuando obtenemos información nueva, cambia nuestro conocimiento.

Nueva información: La conducta de los niños es la liberación de dolor emocional, una comunicación de una necesidad insatisfecha o una reacción a una sensibilidad.

Cuando nuestro conocimiento cambia, cambia nuestra actitud.

Nueva actitud: Ahora que sé que esta conducta no es un desafío a mi autoridad, quiero descubrir lo que está hiriendo a mi hijo o lo que necesita.

Cuando nuestra actitud cambia, nuestras acciones cambian.

Nuevas acciones: Te conectas con tu hijo escuchándolo y haciéndole saber que estas de su lado

El resultado es diferente solo cuando nuestras acciones cambian.

Nuevo resultado: Cuando los padres y los niños se sienten conectados, se preocupan por las necesidades y sentimientos del otro y trabajan juntos.

Satisfacer las Necesidades de los Niños versus Hacerlos Felices

Cuando los padres recién escuchan sobre resolver los problemas de conducta a través de satisfacer sus necesidades, a menudo lo confunden con hacerlos felices.

¿Cuál es la diferencia entre satisfacer sus necesidades y hacerlos felices?

Satisfacer las necesidades de los niños no siempre los hace felices. Los niños necesitan lavarse los dientes para tener buena salud oral. Decirles que es hora de lavarse los dientes puede que no los haga felices. Decirles que pueden saltarse el lavado de dientes los alegraría, pero no satisface su necesidad real de tener un padre que los apoye en tener buena salud oral. Hacer felices a los niños es distinto que tratar de evitarles ser infelices.

Si traemos un cachorro a casa los hacemos felices. Comprarles un juguete para que no lloren cuando les decimos que no, es tratar de evitarles ser infelices.

A menudo tratamos de evitarles a los niños ser infelices para satisfacer nuestra necesidad de armonía. Sabemos que si los pacificamos no tendremos que escuchar la liberación de sentimientos que puede gatillar la molestia de no tener lo que piden.

Cuando los niños piden cosas materiales, es porque han aprendido a llenar su taza de amor con cosas. No funciona para ellos mejor que para nosotros. Vivimos en una de las sociedades más afluentes del mundo, aunque nuestro país tiene algunos de los niños más necesitados del mundo.

Satisfacer las necesidades emocionales de los niños a veces significa quererlos lo suficiente para decirles que no y poner límites.

Los niños presionan los límites cuando necesitan liberar dolor acumulado. Ellos van a presionar un límite, no oponer resistencia. Los niños presionan los limites pidiendo dulces, juguetes o privilegios para distraerse de su dolor. Cuando ponemos límites o decimos que no, el no o el límite es la molestia que desborda la taza de los dolores y les permite a los niños liberar el dolor que los está haciendo infelices.

Satisfacer las necesidades emocionales diciendo que no o poniendo un límite y luego aceptando y escuchando sus sentimientos, satisface su necesidad real, lo que es liberar sus sentimientos dolorosos. A menos que entendamos cómo decodificar la conducta de los niños, no vamos a saber cuál es la necesidad real.

La disciplina de decodificar la conducta es un proceso de cinco pasos.

Los cinco pasos son:

1. Tener autodisciplina para resistir reaccionar a la conducta.

2. Recordar que la conducta es una comunicación de una necesidad.

3. Hacerse la pregunta "¿Qué está causando esta conducta?, ¿cuál es la intención detrás de la acción?".

    • ¿Es una necesidad física insatisfecha?

    • ¿Es una liberación de dolor emocional?

    • ¿Es una reacción de sensibilidad o de temperamento?

4. Conectarse reconociendo que el niño está expresando una necesidad o un dolor.

5. Atender la necesidad o escuchando la liberación del dolor.

Recuerda: conéctate antes de corregir. Nuestros cerebros solo funcionan bien cuando nos sentimos seguros. Enseñarles a los niños maneras apropiadas de comunicar sus necesidades requiere que sepan que estamos de su lado.

Los niños andan bien si pueden, si no pueden, necesitamos descubrir por qué para poder ayudarlos.
– *Ross W. Green, Ph.D., autor de* **El Niño Explosivo**

Decodificar necesidades físicas insatisfechas

Cuando preguntamos "¿Qué está causando esta conducta?", es más fácil empezar con las necesidades físicas insatisfechas.

Ejemplos:
"¿Este niño está hambriento, enfermo o cansado?"
"¿Está reaccionando a una sobrecarga sensorial?"
"¿Está reaccionando a una sobrecarga de estrés?"

Si no hay una causa física aparente para la conducta, buscamos necesidades emocionales insatisfechas. Hacerlo requiere tomar consciencia de las necesidades emocionales de los niños.

 En tu Cuaderno de Crianza:
Haz una lista de necesidades emocionales de los niños.

En el taller de crianza, el grupo crea esta lista en conjunto. Estas son 25 de las más frecuentes que se han identificado:
Amor incondicional – contacto cariñoso – afecto – aceptación – aprecio – atención – conexión – respeto – ser escuchado – guía – seguridad – estabilidad – tiempo calmado – juego – autoestima y autovaloración saludables – sentido de pertenencia – sentirse valorado – amistad – liberación de dolor – libertad – algo de control sobre su vida – predictibilidad – confianza – modelos de rol positivos.

Revisando esta lista, ¿crees que la mayoría de los niños tienen satisfechas todas estas necesidades?

Algunas de las razones por las que los niños tienen necesidades emocionales insatisfechas son:

- Falta de información sobre las necesidades emocionales de los niños.
- Seguimos consejos que van contra la satisfacción de las necesidades emocionales de nuestros hijos.
- No podemos poner atención a sus necesidades porque nuestra atención está en **nuestras** necesidades insatisfechas.
- Los niños no están teniendo suficiente tiempo de conexión.

La razón más frecuente de que los niños tengan necesidades emocionales insatisfechas es que nuestras vidas están demasiado ocupadas y no tenemos suficiente tiempo para estar con ellos y conectarnos. Las vidas de los padres están demasiado ocupadas porque no hay suficientes recursos adultos para que todas las necesidades sean atendidas. La pérdida de la familia extendida ha sido devastadora para la crianza y la infancia. Hasta que no haya más personas para satisfacer las necesidades emocionales de los niños habrá necesidades insatisfechas que decodificar en la conducta.

Decodificar conductas de necesidades emocionales insatisfechas

Uno de los primeros signos de que un niño se está sintiendo desconectado es una caída en el nivel de cooperación. Cuando un niño no está cooperando, podemos llevarlo gentilmente a un lado y preguntarle suavemente "¿De qué se trata esta conducta? ¿Qué necesitas?".

Aunque el niño no pueda decirlo, si la conducta es causada por una necesidad emocional insatisfecha, se crea conexión al hacer la pregunta ¿qué necesitas?

Recuerda: El nivel de cooperación que los padres obtienen de sus hijos generalmente es equivalente al nivel de conexión que tienen con sus padres.

Decodificar conductas de liberación de dolores emocionales

Cuando las conductas de los niños son física o verbalmente hirientes hacia otros necesitan nuestra ayuda para encontrar maneras aceptables de descargar su dolor emocional. Reconocemos el dolor del niño y le damos una salida aceptable para liberar su dolor. Decimos: "Para de golpear. Entiendo que estás herido también, pero no puedes golpear a tu hermano. Puedes golpear la almohada 'loca'."

Decodificar conductas de reacción por sensibilidad

Si las necesidades emocionales de tu hijo están cubiertas, pero la conducta igualmente te agota y frustra diariamente, puede que su sensibilidad sea mayor. Cuando no sabemos que las conductas son reacciones causadas por su temperamento innato u otras sensibilidades, no podemos apoyarlos para que lo hagan mejor. Los niños con temperamentos sensibles o con sensibilidades y desafíos físicos o emocionales quieren hacerlo bien, pero necesitan apoyo adicional.

Los siguientes son algunos recursos para padres que necesitan información sobre otras causas de conductas desafiantes:

El Niño Tozudo. Una Guía para Padres de Niños más Intensos, Sensibles, Perspicaces, Persistentes y Llenos de Energía, de Mary Sheedy Kurcinka

El Niño Explosivó. Un Nuevo Modelo para Comprender y Criar al Niño Fácil de Frustrar y Crónicamente Inflexible. De Ross. W. Green Ph.D.

El Niño Desincronizado: Reconociendo y Enfrentando el Trastorno de Procesamiento Sensorial, de Carol Stock Kranowitz, Larry B. Silver.

Aprender Moviendo el Cuerpo: No Todo el Aprendizaje Depende del Cerebro, de Carla Hannaford Ph.D.

Como Integrar a Niños con Necesidades Especiales en el Salón de Clase con Gimnasia para el Cerebro, de Cecilia Freeman con Gail Dennison.

Stopping Hyperactivity–Unique and Proven Program of Crawling Exercises for Overcoming Hyperactivity, de Nancy O'Dell y Patricia Cook

Cuando buscamos información y recursos, y encontramos herramientas y apoyo para ayudarnos a nosotros mismos, ayudamos a nuestros hijos a hacerlo bien.

Se necesita tiempo para reprogramar cómo reaccionamos a las actuaciones conductuales de los niños, para aprender a decodificar las conductas y aprender y enseñar la restitución. Mientras estamos desarrollando nuestras habilidades parentales de conexión, aún hay una brecha desde ahí hasta cómo queremos criar, y puede ser fácil dejar de usar las palmadas y los castigos si tenemos algunas alternativas amorosas para disciplinar.

No Haría Daño Intentar lo Siguiente:

• Cuando un niño pequeño va a tocar algo peligroso o que se puede romper, tómale la mano, nombra el peligro de manera enfática: "¡Eso quema!". Luego muéstrale lo que puede tocar en su lugar.

• Cuando los niños están a punto de hacer algo peligroso, como correr a la calle o escalar una repisa, tómalos en tus brazos, diles: "¡Eso es peligroso!" y explícales por qué la conducta te asusta. La palabra peligro es más efectiva que decir "no".

• Cuando le dices a tu hijo que pare de hacer algo diez veces, le enseñas que pueden hacer las cosas diez veces antes que actúes. Dilo una vez y entonces ve a decirles lo que pueden hacer en vez. Decirles lo que no queremos que hagan no les enseña lo que queremos que hagan.

• Los niños necesitan que se les enseñe cómo comportarse en las tiendas, restoranes, etc. Podemos enseñarles en la casa "jugando" a la tienda o al restorán.

• Los niños necesitan ser tomados en cuenta y animados. Cuando les damos suficiente atención positiva y conexión, los niños no tienen necesidades emocionales insatisfechas para comunicar a través de las actuaciones conductuales.

• Cuando un niño está haciendo una pataleta, está descargando dolores, malestares y frustraciones que ha acumulado. Todo lo que necesitamos hacer es prevenir que los niños se dañen a sí mismos o alguien más y dejarlos liberar sus sentimientos. Tan pronto como los sentimientos son liberados, su conducta mejora.

• Cuando estás estresado y sientes que estás a punto de golpear, anúncialo en voz alta: "Me estoy sintiendo muy enojada. Necesito que esta conducta se detenga. Voy a tomarme un momento a solas".

• Para los niños más grandes, crea un código familiar o un gesto para usar en público que les señale que detengan lo que están haciendo.

Los niños que "se portan mal" generalmente están tratando de decirnos: "Necesito más amor".

La disciplina de decodificar la conducta pone a la *disciplina* en un nuevo contexto. Deja de ser el trabajo de castigar a los niños por sus conductas necesitadas y se convierte en el trabajo de satisfacer las necesidades de los niños y de enseñarles autodisciplina. Las conductas impulsivas o el mal comportamiento se sienten como un desafío a nuestra autoridad parental. Requerimos autodisciplina para no reaccionar a las conductas desafiantes de los niños. Cuando ejercitamos la autodisciplina al elegir decodificar la conducta en vez de castigar la conducta, les enseñamos autodisciplina modelándola.

Aunque parezca complejo aprender a decodificar la conducta, el trabajo de la parentalidad se hace más agradable y menos una lucha. Cuando vemos la parentalidad como el trabajo de tratar de controlar, entonces es una lucha, porque *no podemos controlar la conducta de los niños*. Cuando vemos nuestro trabajo como el de atender las necesidades disfrutamos más a nuestros hijos, porque *sí podemos satisfacer las necesidades de los niños*.

Reconectarse con los Adolescentes

Lo ideal es que empecemos a construir una conexión fuerte desde antes de nacer y que cuidemos a los bebés y los niños de manera de proteger, promover y mantener esa conexión a través de la infancia. Sin embargo, si no tuviste la información o el apoyo para practicar el cuidado que construye una conexión fuerte hasta ahora, puede que tengas un adolescente lidiando con los problemas de la deficiencia de la conexión.

Mientras más pequeños son los niños cuando aumentamos la conexión, más exitosos seremos al reconectarnos. Reconectarse con los niños más grandes significa que tenemos que compensar. Si los adolescentes están obteniendo la satisfacción de sus necesidades de conexión a través de sus pares, entonces éstos tienen influencia sobre ellos. Dependiendo de la edad y del nivel de desconexión de tu hijo mayor, puede que necesites hacer complementar la falta de desconexión de tu hijo con más tiempo de conexión uno a uno para reestablecer la influencia sobre él.

Si la deficiencia de la conexión o sensibilidades físicas o emocionales están causando conductas extremas de enfrentamiento, los adolescentes y sus padres necesitan el apoyo de profesionales que se especialicen en terapias de sanación o reparación.

Un recurso para padres de niños de entre once y diecisiete años en crisis: KidsPeace National Centers for Kids in Crisis® www.kidspeace.com

Mientras más crecen los niños, más trabajo toma establecer o reestablecer la conexión. Nunca es demasiado tarde para fortalecer la conexión con tu hijo. Solo es tarde para hacerlo fácilmente.

La Crianza con Conexión es Proactiva.

Los niños no tienen elección sobre ser dependientes de nosotros para satisfacer sus necesidades emocionales de conexión. Nosotros sí podemos elegir hacer de la satisfacción de esa necesidad una prioridad. Igual que como planeamos alimentar a nuestros hijos cada día, podemos planear proveer tiempo de conexión cada día.

Hay tres momentos del día en el que los niños parecen necesitar más conexión. Desafortunadamente, suelen ser los mismos momentos en los que tenemos menos para dar. En la mañana, nos apresuramos para salir de casa. Cuando volvemos por la tarde, estamos apurados para preparar la cena. A la hora de acostarse solo queremos que se vayan a dormir para tener un minuto para nosotros mismos por primera vez en todo el día. Las conductas necesitadas que surgen a esas horas del día generalmente son el resultado de las necesidades emocionales de los niños que están en conflicto con nuestra agenda.

Recuerda: Satisfacer las necesidades emocionales de un niño necesita la misma cantidad de tiempo, atención y energía que lo que toma lidiar con las conductas causadas por las necesidades emocionales insatisfechas. De cualquier manera, necesitamos tiempo. Nos hacemos padres proactivos en vez de reactivos cuando hacemos parte de nuestra agenda el proveer la conexión que los niños necesitan.

Algunos ejemplos de crianza proactiva:

• Incluir cinco o diez minutos de tiempo de conexión uno a uno en la mañana puede reducir los conflictos matutinos e incrementar la conexión y la cooperación.

- Pasar los primeros diez a veinte minutos del regreso a casa para estar juntos puede transformar un niño necesitado, quejumbroso y enojado en uno feliz que quiera ayudarnos a hacer la cena.

- Cambiar a un horario más temprano la preparación para irse a la cama, permite que nos conectemos antes de estar demasiado cansados. Si queremos que la hora de dormir sea a las 8 de la noche, entonces tenemos que planear la hora de acostarse a las 7:30, de manera que tengamos tiempo juntos antes de que digamos buenas noches.

Para los niños es tan difícil dormirse cuando están con hambre emocional como lo es si se sienten físicamente hambrientos. La razón más importante por la que los niños se resisten a acostarse es porque ésa es la última oportunidad del día para conectarse. Es también nuestra última oportunidad de satisfacer nuestras necesidades. Cuando terminamos compitiendo por aquellas pocas horas, nadie logra satisfacer sus necesidades.

Como la parentalidad de tiempo parcial va a continuar hasta que hagamos cambios mayores en las políticas públicas valorando la crianza, necesitamos hacer todo lo que podamos para ser proactivos en la satisfacción de las necesidades emocionales de nuestros hijos en las circunstancias actuales. A mayor cantidad de tiempo que pasamos lejos de nuestros hijos tratando de conseguir dinero para satisfacer sus necesidades físicas, más imperativo es ocupar el precioso tiempo que tenemos cubriendo las necesidades de conexión de todos.

No hay un factor más radical en su potencial para la sanación del mundo que una transformación en cómo criamos a los niños.
– Marianne Williamson

Recursos

Para moverse de la parentalidad por coerción hacia una crianza con conexión, necesitamos inspiración, información, recursos y apoyo.

Es mi honor, privilegio y alegría ser uno de los miembros del comité fundador de una organización que provee todo eso: **The Alliance for Transforming the Lives of Children**[6]. www.atlc.org Una función central de la organización es vincular y apoyar diversas organizaciones e individuos que promocionan programas educacionales innovadores y progresivos, servicios, productos y políticas públicas que transformarán las vidas de los niños. El sitio web ofrece más información y recursos y promociona el diálogo sobre la concepción, el nacimiento y la crianza.

The Theraplay® Institute

Para información: www.theraplay.org o llamar a 847-256-7334 en Wilmette, IL Estados Unidos.

Diane Gossen sobre Restitución, www.realrestitution.com

Ofrece libros, videos, audios y entrenamiento en la enseñanza de restitución en las escuelas y en la familia.

Chelsom Consultants Limited 134 110th Street, Saskatoon, Sk S7N1S2

Llamar al 1-800-450-4352 o enviar correo electrónico a restitution@sasktel.net

Centro para la Comunicación No Violenta

Una organización global que ayuda a las personas a conectarse con ellas mismas y con los demás a través de la Comunicación NoViolenta , un proceso creado por Marshal Rosenberg, Ph.D. www.cnvc.org

Brain Gym®
Para información: www.braingym.org Número de teléfono: (800) 356 – 2109 o (805) 658-7942
Brain Gym® International
1575 Spinnaker Drive, Suite 204B Ventura, CA 93001

Academy for Coaching Parents International™
Fundadora: Caron B. Goode, Ed.D. Teléfono: 520-979-4470
Sitio web: www.AcademyforCoachingParents.com o www.acpi.biz

The Institute of Heart Math®
El instituto HeartMath ofrece programas de aprendizaje para mejorar las relaciones de los estudiantes y el rendimiento académico, y ayuda a los adultos a transformar el estrés, la ansiedad y la rabia.
Para información:
www.heartmath.org
O llamar al 831-338-8500 en Boulder Creek, CA

Touch the Future – Un Centro De Diseño De Aprendizaje Sin Fines De Lucro
Inspiradores recursos para padres, educadores, cuidadores y coaches. www.ttfuture.org

En tu Cuaderno de Crianza:
Practica la decodificación de conductas y la satisfacción de necesidades emocionales. Mira la lista de conductas que te provocan que tú hiciste y ve cuántos problemas conductuales puedes resolver decodificando la conducta y cubriendo la necesidad real.

Libros Recomendados

It's All About WE: Rethinking Discipline Using Restitution, de Diane Gossen, www.realrestitution.com

Crianza Incondicional. De los Premios y Castigos al Amor y la Razón, de Alfie Kohn

Control Theory – a New Explanation of How we Control Our Lives, de William Glasser, M.D.

Time-Out… for Parents: A Compassionate Approach to Parenting, de Cheri Huber y Melinda Guyol, MFCC

7

Conectarse a través de Atender Nuestras Necesidades

Las familias funcionan mejor cuando las necesidades de todos son satisfechas.

Por seis capítulos nos hemos centrado en la satisfacción de las necesidades de los niños. Hemos aprendido acerca de la necesidad emocional de una conexión sólida y sobre satisfacer esta necesidad a través de:

- Conectarse y reconectarse con retroceder, reparar y repetir
- Tratar a los niños con respeto
- Escuchar las necesidades y sentimientos de los niños
- Llenar las tazas de amor de los niños
- Comunicarse de maneras que se construya y mantenga la conexión
- Decodificar las conductas necesitadas de los niños y responder a sus necesidades en lugar de reaccionar a sus comportamientos

Ya tienes seis piezas del puzle de la parentalidad. La séptima y final de *Crianza con Conexión* es el "pegamento" que une las piezas del puzle. Ese pegamento es la satisfacción de las necesidades de los padres. Cuando los asistentes de vuelo hacen la demostración del equipo de oxígeno del avión, instruyen a los pasajeros: "si viaja con un niño pequeño, primero póngase su propia mascarilla de oxígeno y luego atienda al niño".

Esas mismas instrucciones aplican a la Crianza con Conexión. Criar bien depende no solo de lo bien que sean cubiertas las necesidades de los niños, sino que también de lo bien que sean cubiertas las de los padres.

Llenamos la taza de los niños mejor cuando nuestra taza está llena

Imagina el siguiente escenario:

Una buena amiga te regala un día libre de cuidar de los hijos. Tu amiga llega a tu casa a las 9 am y te dice: "Te voy a dar el día libre. Me voy a hacer cargo de todas tus responsabilidades. Los niños estarán bien cuidados. Aquí hay algo de dinero para gastar. Que tengas buen día y no vuelvas hasta las 5".

Tienes tiempo, cuidado para los niños y dinero y no te sientes culpable por dejarlos ya que tus hijos quieren a esta persona y están emocionados del día que van a tener. Pasas todo el día haciendo lo que te gusta hacer. Cuando vuelves a casa ¿cómo te sientes sobre estar con tus hijos?

"Mi taza está llena y rebosante. Estoy feliz de verlos. Tengo algo para dar y se los quiero dar a ustedes".

Los niños saben cómo nos sentimos acerca de estar con ellos. Cuando queremos estar con ellos, se sienten merecedores de amor y atención y creen que son queribles, porque estamos atendiéndolos con amor y respeto.

No puedes llenar la taza de amor de un niño si la tuya está vacía.

Nuestras necesidades son tan importantes como las de nuestros hijos. Si nuestras necesidades emocionales no fueron satisfechas cuando niños, aprendimos a creer que no eran importantes. A menudo tratamos de satisfacer aquellas necesidades insatisfechas, dándole a otros lo que no obtuvimos.

Contrasta el primer escenario con este otro:
Tu pareja ha estado trabajando en negocios fuera de casa toda la semana. Los tres niños han estado enfermos. El auto se echó a perder. Tuviste que llamar al plomero. El perro tuvo que ir al veterinario. Finalmente es viernes por la tarde y estás esperando un llamado que te diga a qué hora tu pareja va a llegar. En su lugar recibes un llamado diciendo que el vuelvo ha sido retrasado por la neblina y que tu pareja no va a llegar hasta mañana. ¿Cómo te sientes acerca de estar con tus hijos?
"MI taza está vacía y no tengo nada más para dar".

Los niños siempre saben cómo nos estamos sintiendo, pero no siempre saben por qué. Cuando no queremos estar con ellos, se lo toman personal. Sienten que seguramente no merecen nuestro amor y atención. Creen que no son queribles en vez de entender que nosotros somos lo que no tenemos nada más para dar.

Crianza con Conexión no es un tipo de parentalidad centrado en el niño. Satisfacer las necesidades de los niños no significa centrarse tanto en ello que no tengamos más energía para las nuestras. No importa cuánto sepamos sobre las necesidades de los niños, solo podemos "hacer" lo que sabemos, cuando nuestras necesidades son satisfechas.

Las necesidades insatisfechas de los padres crean un ciclo de estrés

Te has preguntado alguna vez: "¿Por qué mis hijos tienen que estar tan necesitados y fuera de control justo cuando yo ya estoy muy estresada(o)?". No estamos dando lo mejor cuando estamos estresados y tampoco nuestros hijos están dando lo mejor cuando nosotros lo estamos.

No tomarnos el tiempo para satisfacer nuestras necesidades genera un círculo vicioso. Cuando nuestras necesidades están insatisfechas nos estresamos. Más estrés significa menos conexión con nuestros hijos. Mientras menos nos conectamos, más los niños comunican sus necesidades de conexión a través de conductas descontroladas o impropias. Mientras más los niños actúan sus necesidades, más nos estresamos.

El estrés es contagioso. Nos estresamos con lo que nuestros hijos hacen, pero también Les pasamos nuestro estrés. Es difícil para los niños sentirse contentos y relajados cuando están con adultos que no se sienten contentos y relajados.

Criamos mejor cuando nuestras necesidades son satisfechas

No hacemos lo mejor que podemos para criar cuando estamos apurados, preocupados, sobrepasados y estresados. Cuando les pregunto a los padres cuándo sienten que están mejor sobre su parentalidad recuerdan vacaciones, fines de semana o momentos en que volvían a casa de hacer algo relajante. Imagina lo diferente que sería la crianza si pudiéramos meditar, hacer yoga, hacer ejercicios en el gimnasio, tomar un masaje o hacer algo que nos relaje todos los días. Cuando los padres tienen tiempo para ellos mismos, tienen más energía y atención para conectarse con sus hijos.

Cuando estamos relajados somos naturalmente más pacientes, comprensivos y amorosos

Tenemos cuatro estados de ondas cerebrales. Cuando estamos relajados, estamos en estado alfa o beta. Alfa es el estado relajado que tenemos durante la meditación, caminando en la naturaleza, tejiendo, pintando un cuadro, tocando un instrumento musical, escuchando música suave u observando una fogata. Teta es un estado más profundo de relajación donde accedemos a la intuición, inspiración y creatividad. Naturalmente somos más pacientes, más comprensivos y amorosos cuando estamos relajados.

Cuando estamos en un sueño profundo, estamos en delta. Cuando estamos despiertos, en alerta, pensando y activos estamos en beta. Beta sin alfa, se asocia a estrés, ansiedad y presión arterial alta. Si pasamos demasiado tiempo del día de delta a beta y de vuelta a delta sin pasar tiempo en los estados de relajación de alfa y teta, nos estresamos. Funcionamos mejor y estamos más saludables cuando pasamos un poco del día en cada uno de los cuatro estados de ondas cerebrales.

Puedo llevar paz a mis hijos solo cuando yo misma la poseo.
-Katrina Kenison, autora de **Mitten Strings for God**.

Estamos más abiertos a la conexión cuando estamos relajados

Al igual que nuestro estrés afecta la conducta de los niños, nuestra relajación también lo hace. Le estaba contando a una amiga sobre cómo los niños pueden conectarse más cuando los padres están relajados y me dijo: "Eso me explica algo. Cuando me siento a tejer, mi hija viene y se sienta a mi lado y tenemos buenas conversaciones". Su revelación me hizo recordar cuando me dedicaba al centro familiar de cuidado infantil, los días que los niños dormían mejor siesta eran cuando ponía una cinta de Mozart y tejía mientras dormían. Los niños están más relajados cuando los adultos a su alrededor están relajados.

Satisfacer las necesidades de los padres

Necesitamos al menos diez minutos al día solos para relajarnos y conectarnos con nosotros mismos. Necesitamos momentos para "solo estar" tanto como los niños. Muchos padres ocupados pasan días sin tomarse ese tiempo. Cuando haces un compromiso de tener diez minutos al día para conectarte contigo mismo, encuentras maneras de hacerlo.

Algunos ejemplos:

- Mantener un libro en el auto y permitirte diez minutos extra para tomarlo cuando vas a ir a alguna parte para sentarte y leer por diez minutos
- Tomar un baño largo en algunas ocasiones, en vez de la ducha rápida.
- Levantarte diez minutos antes para tener un ritual temprano en la mañana para meditar, hacer yoga o leer el diario a solas.
- Crear una rutina diaria de diez minutos de ejercicio

Lo que hagas por ti en esos diez minutos no es tan importante como el beneficio derivado del sentimiento de cuidarte a ti misma.

Las parejas necesitan estar conectadas

Necesitamos al menos diez minutos al día para conectarnos con nuestras parejas. Cuando las parejas se comprometen a pasar diez minutos al día conectándose y a ser creativos, hacen que pase.

Algunos ejemplos:

- Hacer una llamada diaria para hablar sobre cualquier cosa menos los niños, las finanzas o la mantención de la vida diaria
- Enviarse notas amorosas por correo electrónico diariamente
- Crear un ritual de darse el uno al otro un masaje en la espalda, los pies, las manos o la cabeza diariamente

Tomarse diez minutos al día para estar conectados es una inversión en tu relación y en la seguridad de tus hijos

Los padres solteros necesitan hablar con otro adulto

Los padres solteros necesitan al menos diez minutos al día para conectarse con un familiar adulto o un amigo cercano. Cuando los padres solteros reconocen y honran esa necesidad, encuentran maneras de satisfacerla.

Algunos ejemplos:

- Conectarse con otro padre soltero y usar tu pausa diaria para un café, para escucharse por turnos
- Conectarse con otro padre soltero y tener una llamada diaria para escucharse tomando turnos
- En los días en que todo lo demás falla, escribir tus pensamientos y sentimientos en un cuaderno te da una salida a tus sentimientos

Cuando los padres tienen a alguien que escuche sus necesidades y sentimientos, se sienten menos aislados.

Los padres también necesitan cuidado

Si eres como la mayoría de los padres, estás tan ocupado atendiendo las necesidades de tus hijos que no te tomas el tiempo para cuidarte a ti mismo.

Los padres necesitan una cita de auto-cuidado todas las semanas

Diez minutos al día es una buena manera de mantener el sentimiento de conexión contigo mismo, pero necesitamos al menos una hora una vez a la semana para hacer algo que nos nutra y que llene la taza.

Las parejas necesitan una cita cada semana con sus parejas para nutrir su relación

El lamento que más escucho de los padres es: "Desde que tuvimos hijos, nunca podemos estar solos con mi pareja". Muchos padres tratan de satisfacer las necesidades de todos a través de la crianza "por equipos", trabajando horas opuestas de manera que siempre uno de ellos pueda estar en casa con los niños. No importan los horarios de trabajo y crianza que tengan los padres, las parejas necesitan tener tiempo a solas para conectarse y llenar la taza del otro.

Los padres solteros necesitan una cita que nutra cada semana con un amigo o un familiar

Los padres solteros tienen que llenar las tazas de amor de sus niños cada día sin que haya nadie más para llenar su taza. Los padres solteros necesitan este cuidado de otros.

Mantener llena tu taza de amor

Toma cinco minutos para pensar ahora sobre lo que te nutre a ti. Recuerda cómo te cuidaron cuando eras niño.

 En tu Cuaderno de Crianza:
Haz una lista de al menos diez actividades que te parecen nutritivas.

Ejemplo de lista de "autocuidado":
Dar un paseo en la playa
Ir al gimnasio a hacer ejercicios
Tener una cita con mi pareja
Tomar una siesta
Leer un libro
Tocar o escuchar música
Ir a una caminata
Meditar
Tomar un baño de espuma
Hacer un deporte favorito

En tu Cuaderno de Crianza:
Marca las actividades que haces regularmente de tu "Lista de Autocuidado". ¿Cuántas son?

El número de actividades de autocuidado que marcaste en tu lista personal muestra cómo valoras de manera inconsciente la importancia de tus necesidades.

0 –   Mis necesidades no importan para nada
1 – 2   Mis necesidades importan, pero no tanto como las de mis hijos
3 – 6   Mis necesidades son importantes
7 – 10   Mis necesidades importan tanto como las de mis hijos

En tu Cuaderno de Crianza:
Haz una lista de las razones por las que no haces lo que está en tu lista de actividades de autocuidado. En mis clases, las razones que los padres más seguido citan son tiempo, energía, cuidado de los niños, culpa y dinero.

Tiempo: No tengo tiempo suficiente para hacer todas las cosas que tengo que hacer, pasar tiempo con mis hijos y todavía tener tiempo para mis necesidades.

Energía: A la hora que mis hijos se acuestan en la noche, no me queda energía para hacer algo para mí.

Cuidado de los niños: No tengo a nadie que pueda cuidar a mis hijos para que yo pueda hacer algo por mí.

Culpa: Cuando tengo algún momento libre, me siento demasiado culpable para usar ese tiempo para mí, en vez de pasar ese tiempo con mi familia.

Dinero: No me alcanza para pagar por cuidado de los niños para que yo pueda hacer algo para mí misma(o). Algunas de las cosas que quiero cuestan dinero y no puedo gastar dinero extra para actividades que llenarían mi taza.

Nadie puede criar bien solo

La falta de recursos y apoyo nos previene de hacer lo que necesitamos para cuidarnos a nosotros mismos. A menos que los padres cuenten con mucho apoyo, rara vez toman tiempo para ellos mismos o pasan tiempo a solas con sus parejas. Pocas familias de hoy en día tienen el apoyo de un abuelo que viva con ellos, una tía, un tío o una niñera. Ya sea que tu familia consista en un padre soltero o un solo hijo, o mamá, papá, y tres hijos, o una parejas y dos niños, o una familia combinada con múltiples mamás, papás y hermanastros, las familias necesitan recursos y apoyo.

La clave para la Crianza con Conexión es más recursos.

Sin el soporte de otros para compartir el cuidado de los hijos es imposible cubrir las necesidades de todos. Crear más recursos hace posible para los padres satisfacer sus necesidades. Los niños necesitan saber, confiar y depender de otras personas más allá de los padres. Una "tribu" es un elemento que falta y que las familias necesitan para prosperar. Re-creamos la "tribu" creando una "familia extendida por elección". Adoptamos personas que queremos y por la que nos preocupamos para que sean tías, tíos y abuelos "honorarios".

Crear recursos

Para aquellos que no contamos con el apoyo de una familia biológica extendida, creamos la "familia extendida elegida" invitando vecinos mayores, familias de padres solteros o amigos que no son padres y colegas de trabajo a cenar y hacer cosas con nuestra familia. Estas reuniones cultivan las relaciones que benefician a los padres, los niños y los amigos. Mientras más los niños llegan a conocer y querer a otros adultos, más personas tienen que les den amor, atención y conexión. Cuando los niños tienen conexiones con otros adultos, los padres no tienen que satisfacer todas sus necesidades emocionales.

Para aquellos padres con hijos muy pequeños, generalmente es más fácil alejarse durante el día que a la hora de acostarse. Una forma en que los padres pueden tener más tiempo juntos es tener mini citas a horas no tradicionales. Más que tratar de encontrar niñeras para que puedan ir a cenar o ir al cine un sábado en la noche, los padres a menudo encuentran más opciones para cuidar a los niños si salen el sábado o el domingo a almorzar.

Para aquellos con hijos mayores funciona bien alternar el cuidado de los niños con otras familias. Todos los niños pasan tiempo en la casa de una familia mientras los otros padres salen a una cita o se toman tiempo para ellos. La próxima vez se intercambian. A los niños les encanta, no cuesta dinero y los padres toman un descanso y tienen una oportunidad para conectarse regularmente.

Para los adultos que crían a sus hijos solos por muchas horas, ya sea porque son padres solteros o porque el otro padre está trabajando, contratar una persona joven entre las edades de diez y catorce como ayudante de los padres puede hacer una gran diferencia. Pagarle a un niño mayor unos pocos dólares la hora para venir después del colegio a jugar por una hora o dos, les da a los padres el recurso de tomarse un descanso, hacer la cena, hacer llamadas o pasar tiempo uno a uno con otro de los niños.

Para los padres solteros, conectarse con otros padres solteros puede permitir llenar la taza. Conéctate con otros padres y tomen turnos para preparar la cena semanalmente. Una vez a la semana, cada padre hace el doble de comida y le da al otro padre una noche libre de preparar la cena. O mejor todavía, hagan turnos para invitarse a casa a cenar una vez a la semana.

Juntarse para ayudar con el trabajo de cada uno es una manera entretenida de crear más recursos para todos. Los adultos rotan para estar con los niños, mientras los otros adultos ayudan a preparar la cena o terminar algún proyecto por la casa o el jardín. Los adultos no están aislados, los niños se divierten y el trabajo se hace.

Cuando hay más personas para cuidar de los niños, todos obtienen más al satisfacer sus necesidades.

He encontrado algunas respuestas para crear recursos, pero hay más respuestas que se pueden encontrar cuando nos inspiramos y somos creativos acerca de cómo podemos trabajar juntos para satisfacer las necesidades de todos.

Juntemos nuestras mentes y veamos qué tipo de vida podemos hacer para nuestros hijos.
-Chief Sitting Bull

Cuidar a los hijos no es solamente trabajo de los padres. Todo tenemos parte en qué tan bien son cubiertas las necesidades de conexión de los niños. Antes de que nos demos cuenta, ellos serán los líderes del mundo de mañana. Quiero vivir en un mundo con adultos cuyos niños cuyas necesidades emocionales fueron satisfechas en su infancia.

 **Practicar la creación de recursos
En tu cuaderno de crianza:**

Haz una lista de tu red de apoyo existente.

Haz una lista del apoyo "posible" de la gente con quienes podrías cultivar una relación para expandir tu tribu.

Haz una lista de ideas creativas para hacer más de las actividades de tu lista de autocuidado.

Haz una lista de las personas a las que quieres hablarles de la Crianza con Conexión.

Epílogo

Queremos que la vida sea mejor para nuestros hijos de lo que fue para nosotros. La Crianza con Conexión es ganancia para todos. Hacemos la vida mejor a nuestros hijos cuando nos conectamos con otros para crear mejores recursos para satisfacer las necesidades de todos.

Los niños no solo dependen de nosotros para satisfacer sus necesidades y construir una relación fuerte, también depende de nosotros ser un modelo de lo que es un adulto feliz, amoroso, tranquilo y cuya vida tiene alegría, significado y propósito. El mejor regalo que le podemos dar a nuestros hijos es convertirnos en ese modelo de crianza a través de amor y conexión.

Este es el final de este libro y espero que sea el principio de un avance a nivel mundial para volver a crianza nutritiva que los seres humanos necesitan para prosperar.

El siguiente poema está dedicado a todos los padres que están esforzándose para dar el cuidado que no tuvieron.

Nací Para Amar

Nací para amar,

Nací adorable,

Nací cargando mi semilla de amor.

Nací con necesidades,

En ese entonces dependía de los demás para nutrir mi semilla.
Todo lo que podía hacer era necesitar.

Como las semillas de los otros no habían sido nutridas, sus semillas de amor no habían florecido

Y no pudieron nutrir mi semilla.

Sin ese cuidado mi semilla no pudo brotar. El amor con el nací se quedó atrapado adentro. Muchos años de necesidades insatisfechas y heridas sin sanar

Han enterrado mi semilla.

Pero esa semilla de amor todavía está dentro de mí.

Yo nací para amar.

Es mi derecho y mi responsabilidad

Hacer la búsqueda que descubrirá mi semilla de amor. Puedo sanar mis heridas

Puedo nutrir mi semilla de amor.

Mi semilla de amor todavía puede brotar y crecer. Puedo florecer en el ser amoroso

Que nací para ser.

Pero ahora depende de mí.

-Pam Jo Leo

Reconocimientos

Cuando leo los reconocimientos en los libros, los autores suelen decir que sus libros no podrían haber sido escritos sin el apoyo de las personas que reconoce.

Ahora que tengo mi primer libro entiendo por qué lo dicen. Es verdad.

Como no hay manera en que pueda pagar a todos los que me inspiraron, me enseñaron, creyeron en mí, me animaron y me apoyaron emocional, económica y técnicamente, ahora les demuestro mi aprecio de manera pública.

Mis sinceros agradecimientos son para:

Caron B. Goode, mi editora, mentora y ángel, por tu confianza, paciencia, humor, corazón, espíritu, sabiduría, habilidad, ánimo y apoyo.

Nancy Cleary, mi editorial y hada madrina, por creer en este libro desde el primer momento, por tu energía, flexibilidad, escucha, liderazgo, paciencia, "sonrisas" y filantropía de creatividad.

Mi madre, Eleanor Carver, por enseñarme el significado del amor firme.

Carmine, por mantener tu promesa de ayudarme a entregar mi mensaje al mundo.

Tate, por encargarse de mantener encendido el fuego del hogar.

Mi hermano, Brad, por proveerme un computador y siempre arreglar lo que necesitaba ser arreglado.

Mi hermana Kathie, por la preocupación y el cuidado.

Grammie Jan y Grandad Merton por todo el cuidado de los niños, las comidas y el ánimo, las galletas y la comodidad.

Leigh Baker, por todos los años de amor, amistad, escucha y generosidad.

Henry, por mantener mis autos antiguos funcionando todos estos años.

Nancy, John y Leah, por todo el cuidado de los niños y las citas para jugar que me dieron tiempo para escribir.

Las mamás de mi grupo de madres en la sección de Recursos para Padres, por su apoyo sin fin en una infinidad de maneras.

Joseph Chilton Pearce, por tu información, inspiración y modelo.

Los miembros del comité de la Alliance for Transforming the Lives of Children, por escuchar mi voz y hacerme parte del coro.

Lisa Reagan por reconocer la importancia de la Crianza con Conexión e insistir en que necesitaba conocer a Caron B. Goode.

Todos los niños por enseñarme sobre las necesidades de los niños.

Todos los padres, por permitirme aprender de sus dificultades y éxitos.

Mi primera hija Leah B, por inspirar mi camino de preguntas y por unirse ahora en mi camino.

Mi segunda hija Sage, por quererme mientras luchaba por convertirme en una mejor madre y por darme tres hermosos nietos.

A mis nietos Magnolia, Lily, Fox por la alegría que traen a mi vida y por enseñarme que siempre habrá más que aprender sobre atender las necesidades de los niños.

Darline, mi íntima amiga por treinta y siete años de devota amistad y por ser la única persona en el mundo que está tan emocionada como yo por tener un número ISBN.

Marilyn, por tu apoyo de once horas.

Jack, mi dolor de cabeza favorito, qué más puedo decir.

Wendy, en Parent & Family, por mantenerme escribiendo todos estos años.

Jane Sheppard, por escribirme tan increíble prólogo.

Todos los autores que fueron mis mentores, por sus libros que me dieron las piezas del puzle.

Libros Recomendados Para la Crianza con Conexión

"Una filosofía de crianza es relevante solo en la medida que promueve prácticas de crianza que apoyan el vínculo seguro".
–Pam Leo

Estos libros promueven el nacimiento y las prácticas de crianza que apoyan vínculos sólidos madre-hijo (o padre-hijo). Algunos de los libros son apropiados para múltiples categorías y pueden aparecer más de una vez.

Embarazo, Nacimiento y Vínculo:

El Concepto del Continuum. Jean Liedloff

The Vital Touch: How Intimate Contact with Your Baby Leads to Happier, Healthier Development. Sharon Heller, Ph.D.

Tocar es vivir. La Necesidad de Afecto en un Mundo Impersonal. Mariana Caplan

El tacto. La importancia de la piel en las relaciones humanas. Ashley Montagu

Masaje Infantil: Guía Práctica para el Padre y la Madre. Vimala Scheider McClure

From One Child to Two. Judy Dunn

Welcoming your second baby. Vicky Lansky

The Baby Book. William y Martha Sears

The pregnancy Book. William y Martha Sears

Nighttime Parenting, William y Martha Sears

Mind Over Labor. Carl Jones

The Birth Partner. Penny Simkin

Attachment Parenting: Instinctive Care for Your Baby and Young Child. Katie Allison Granju

The Family Bed. Tine Thevenin

Magical Child, Joseph Chilton Pearce

Mi Bebé lo Entiende Todo. Aletha J. Solter, Ph.D.

Birth Without Violence, Frederick Leboyer

Opciones para un Parto Suave: Guía para Tomar Decisiones Informadas Acerca de Centros de Alumbramiento, Asistentes al Parto, Parto en el Agua, Parto en Casa y Parto en el Hospital. Barbara Harper, R.N.

Immaculate Deception II: Myths, Magic and Birth, Susanne Arms.

Birthing from Within: An Extra-Oridnary Guide to Childbirth Preparation. Pam England, Rob Horowitz

Spiritual Midwifery. Ina May Gaskin

Nuestros Hijos y Nosotros. Meredith F. Small

What your doctor May Not Tell you about Circumsicion: untold facts on America's most widely performed and most unnecessary surgery. Paul M. Fleiss, MD, y Frederick M. Hodges, D.Phil.

Crianza y Cuidados óptimos:

El Concepto del Continuum. Jean Liedloff

Playful Parenting. Lawerence Cohen, Ph.D.

Raising A Thinking Child. Myrna B. Shure, Ph.D.

Raising A Thinking Preteen: The "I can Problem Solve" Program from 8-12 Year Olds. Myrna B. Shure, Ph.D.

The Seven Habits of Highly Effective Families. Steven R. Covey.

Parent-Teen Breakthrough: The Relationship Approach. Myra Kirshenbaum y Charles Foster.

The Natural Child-Parenting from the Heart. Jan Hunt.

El Niño Feliz. Doroty C. Briggs.

The Vital Touch: How Intimate Contact with Your Baby Leads to Happier, Healthier Development. Sharon Heller, Ph.D.

Tocar es vivir. La Necesidad de Afecto en un Mundo Impersonal. Mariana Caplan.

El tacto. La importancia de la piel en las relaciones humanas. Ashley Montagu.

Masaje Infantil: Guía Práctica para el Padre y la Madre. Vimala Scheider McClure.

Real Boys: Rescuing Our Sons from the Myths of Boyhood. William Pollack y Mary Pipher.

Mi Bebé lo Entiende Todo. Aletha J. Solter, Ph.D.

Mi Niño lo Entiende Todo. Aletha J. Solter, Ph.D.

When your Kids Push your Buttons. Bonnie Harris.

Rituales Amorosos. Becky Bailey, Ph.D.

Magical Child. Joseph Chilton Pearce.

Theraplay: Helping Parents and Children Build Better Relationships Through Attachment-Based Play. Ann M. Jernberg y Phyllis B. Booth.

The Family Bed. Tine Thevenin.

Como Fortalecer el Caracter de los Niños. Robert Brooks, Ph.D. y Sam Goldstein, Ph.D.

Nightitme Parenting. William Sears, Mary White.

Beyond the Rainbow Bridge: Nurturing Our Children from Birth to Seven. Barbara Patterson.

Las Necesidades Basicas de la Infancia. Terry Brazelton, M.D. y Stanley Greenspan, M.D.

Escuchando a los Niños: Juguemos a Escuchar (Serie de 7 Folletos). Patty Wipfler.

Padres Conscientes, Hijos Felices. Mila y John Kabata-Zinn.

Hermanos, No Rivales. Adele Faber, Elaine Mazlish.

La Voz de los Niños. Consejos para Madres Agobiadas por las Prisas. Katrina Kenison y Melanie Marder Parks.

Crianza Incondicional. De los Premios y Castigos al Amor y la Razón, de Alfie Kohn

Conducta y Disciplina:

It's All About WE: Rethinking Discipline Using Restitution, de Diane Gossen

Edúquelos con Amor: 7 Habilidades Básicas para Convertir los Conflictos en Cooperación. Becky A. Bailey, Ph.D.

Por tu Propio Bien. Raices de la Violencia en la Educacion del Niño. Allice Miller.

High Risk: Children Without a Conscience. Magid and Mckelvey.

Llantos y Rabietas. Aletha Solter, Ph.D.

Construir los Vínculos del Apego. Daniel A. Hughes

Theraplay: Helping Parents and Children Build Better Relationships Through Attachment-Based Play. Ann M. Jernberg. Phyllis B. Booth.

Playful Parenting. Lawrence Cohen, Ph.D.

Motivar sin Premios ni Castigos. Alfie Kohn.

El Niño Tozudo. Mary Sheedy Kurcinka.

Kids, Parents and Power Struggles. Mary Sheedy Kurcinka.

El Niño Explosivo (Un Nuevo Modelo Para Comprendar y Criar Al Nino Facil de Frustrar y Cronicamente Inflexible). Ross Greene.

El Niño Desincronizado: Reconociendo y Enfrentando el Trastorno de Procesamiento Sensorial. Carol Stock Kranowitz, Larry B. Silver.

Sensory Integration Dysfunction. Carol Stock Kranowitz

Educación y Actividades:

La Educación Errónea. Niños Preescolares en Peligro. David Elkind.

Learning All the Time. John Holt.

Escape from Childhood. John Holt.

Dumbing Us Down. John Taylor Gatto

Seven Times the Sun: Guiding Your Child Through the Rhythms of the Day. Shea Darian.

The Children's Year: Crafts & Clothes for Children and Parents to Make. Stephanie Cooper, Christine Fynes-Clinton, Marye Rowling.

Earthways: Simple Environmental Activities for Young Children. Carol Petrash y Donald Cook.

Roots, Shoots, Buckets & Boots: Gardening Together with Children. Sharon Lovejoy.

Comunicación y Relaciones:

Conseguir el Amor de su Vida. Harville Hendrix.

Cómo Hablar para que los Niños Escuchen – Y Cómo Escuchar para que los Niños Hablen de Adele Faber y Elaine Mazlish

Comunicación No Violenta: Un Lenguaje de Vida. Marhall B. Rosernberg, Ph.D.

Necesito tu Amor ¿Es Verdad? Katie Byron.

Getting Real. Susan Campbell.
Saying What's Real. Susan Campbell.

Crecimiento Personal:

El Poder del Ahora. Ekhart Tolle.
Amar lo que Es. Byron Katie.
El Poder de la Intención. Wayne Dyer.
Disculpa, Tu Vida Te Está Esperando. Lynn Grabhorn.

Revistas y Periódicos:

Byronchild – The Maazine for Proressive Families – Australia.
Mothering Maazine. Editada por Peggy O'Mara.
Connecting! E-Newsletter from the Parents Leadership Institute. Patty Wipfler.
Empathic Parenting, The Journal of the Canadian Society for the Prevention of Cruelty to Children.

Sitios web de Crianza con Conexión

"Una filosofía de crianza es relevante solo en la medida que promueve prácticas de crianza que apoyan el vínculo seguro"

Estos sitios promueven el nacimiento y las prácticas de crianza que apoyan un sólido vínculo madre e hijo o padre e hijo:

Nacimiento

Academy of Certified Birth Educators http://www.acbe.com

Association of Labor Assistants and Childbirth Educators http://www.alace.org

Association of Nurse Advocates for Childbirth Solutions (ANACS) http://anacs.org

Birthing from Within, An Extraordinary Approach to Childbirth http://birthpower.com/

Birth Roots http://ourbirthroots.org

Birthing the Future http://www.birthingthefuture.com/

Doulas of North America http://www.dona.com/

Gentle Birth Choices (Waterbirth) http://www.waterbirth.org/

Hypnobirthing Institute of New York http://www.hypnobirthingnyc.com/

Midwifery Today Magazine http://www.midwiferytoday.com/

Mother-Friendly Childbirth http://motherfriendly.org/

National Association of Childbearing Centers http://BirthCenters.org/

Parenting

Academy of Coaching Parents http://www.acpi.biz/

Alfie Kohn (Autor) http://alfiekhon.org/

Association for Pre- & Perinatal Psychology and Health http://www.birth-psychology.com/appah/

ATLC Warmline http://www.atlcwarmline.org/

Attachment Parenting International http://www.attachmentparenting.org/

Aware Parenting Institute http://awareparenting.com/

Bonnie Harris (autor) http://www.bonnieharris.com/

Canadian Society for the Prevention of Cruelty to Children http://www.empathicparenting.org/

Compleat Mother Magazine http://www.compleatmother.com/

Families for Natural Living http://www.familiesfornaturalliving.org/

Infant-Parent Institute http://www.infant-parent.com/

Inspired Parenting http://www.inspiredparenting.net/home/

The Mother Magazine http://www.themothermagazine.co.uk/

Mothering Magazine http://www.mothering.com/

Myrna B. Shure Thinking Child http://thinkingpreteen.com/

The Natural Child Project http://www.naturalchild.com/home/

Northwest Attachment Parenting http://www.nw-ap.org/

The Search Institute http://www.search-institute.org/

Tom Adams Kids Flourish http://kidflourish.com/

Education

American Homeschool Association http://www.americanhomeschoolassociation.org/

Waldorf Homeschoolers http://www.waldorfhomeschoolers.com/

Disciplina

Becky Bailey, Ph.D. (Autor de *Edúquelos con Amor*) http://beckybailey.com/

Center for Effective Discipline http://stophitting.com/

Diane Gossen Restitution for Children http://www.realrestitution.com

Family Research Laboratory, University of New Hampshire http://www.unh.edu/frl/index.html

Murray Strauss, Co-director del Family Research Laboratory http://pubpaes.unh.edu/~mas2/

The No Spanking Page http://www.nerverhitachild.org/

Project NoSpank http://nospank.net/

Don't Shake Jake (Prevent Shaken Baby Syndrome) http://www.dontshakejake.org/

Cuidados Óptimos

Alliance for Transforming the Lives of Children http://www.atlc.org/

Byronchild Magazine http://byronchild.com

Holistic Pediatric Association http://hpakids.org

La Leche Leage http://www.lalecheleague.org/

Mothering Magazine http://mothering.com

The Liedloff Society for the Continuum Concept http://www.continuumconcept.org/

Parents Leadership Institute, Patty Wipler, Listening to Children http://parentleaders.org/

Nurture by Nature Network http://nurturebynature.ord/

Playful Parenting, Lawrence J. Cohen Ph.D. http://www.playfulparenting.com

Raising Resilient Children http://www.raisinresilientkids.com/

The Rebozo Way Project http://rebozoway.org/

Theraplay Institute http://www.theraplay.org/
Touch the Future http://www.ttfuture.org/

Integridad Genital

Doctors Opposing Circumsicion http://faculty.washintong.edu/gcd/DOC/

National Organization of Circumcision Information Resource Centers http://www.nocirc.org/

Nurses for the Rights of the Child http://www.cirp.org/nrc/

The Ashley Montagu Resolution to End the Genital Mutilation of Children Worldwide: A petition to the world court, The Hague [La resolución de Ashley Montagu para terminar con la mutilación genital en todo el mundo: una petición a la corte mundial de La Haya] (Por favor visite la página y firme la petición) http://Montagucircpetition.org/index.php?pcf=home

Crecimiento Personal

Centro para la Comunicación No Violenta http://www.cnvc.org/

Getting Real, seminarios y coaching http://www.susancampbell.com/

LifeCoaching.com http://www.lifecoaching.com/

Wellness Associates http://www.thewellspring.com/

The Wold Café http://www.theworldcafe.com/

NOTAS

[1] Nota del traductor: Asociación Pediátrica Holística.

[2] Nota del traductor: Título original: Connection Parenting™, "Meeting the Needs of Children".

[3] Nota del traductor: En español "Trate a amigos y niños por igual".

[4] Nota del traductor: "Healing the Feeling Child" es el título original en inglés

[5] Nota del traductor: Título original en inglés *Catch 22*. Película de 1970, basada en la novela de Joseph Heller. Hace referencia a una paradoja.

[6] Nota del traductor: el nombre de la organización sería en español: "La Alianza para la Transformación de las Vidas de los Niños".

www.ingramcontent.com/pod-product-compliance
Lightning Source LLC
Chambersburg PA
CBHW020904090426
42736CB00008B/495